HISTOIRE DE FRANCE EN BANDES DESSINÉES

DE SAINT-LOUIS A JEANNE D'ARC

FRANCE LOISIRS
123, boulevard de Grenelle, Paris

Edition du Club France Loisirs, Paris, avec l'autorisation de la Librairie Larousse.
Imprimé en France par I.E.I., LISSES *(Printed in France)* – N° série Editeur 12255.
ISBN 2-7242-2641-0

UN CHEVALIER DU ROI
PHILIPPE LE BEL, LE ROI DE FER

Dessin de Eduardo Coelho, texte de Jean Ollivier
Dessin de Raymond Poïvet, texte de Roger Lécureux

HISTOIRE DE FRANCE
BANDES DESSINÉES LAROUSSE

L'IDEAL CHEVALERESQUE

"Mieux vaut être mort que couard appelé" : galvanisé par une maxime bien frappée, le chevalier s'élance au combat. Car il garde les règles du corps dont il fait partie, la chevalerie, et les respecte : courage, loyauté, fidélité à l'Eglise et à son suzerain, respect de la femme, défense de la veuve et de l'orphelin. Ainsi, la société féodale fut-elle modelée, du XIIe au XIVe siècle, par l'esprit de la chevalerie, qui fut un idéal plus qu'une institution ou un code de vie.

Le jour de son adoubement, le jeune noble jugé digne d'entrer au sein de l'Ordre reçoit l'épée à deux tranchants : avec l'un, lui est-il recommandé, il frappera le riche qui opprime le pauvre ; avec l'autre, il punira le fort qui persécute le faible. Son parrain lui chausse les éperons : "désormais le chevalier doit être aussi docile à l'éperon de la volonté divine que son cheval sera docile aux coups de ces éperons matériels". Et, dégradation suprême, on coupera "près du talon" les éperons de qui trahira son serment. Ainsi, fera-t-on encore au temps de saint Louis, pour rejeter loin du groupe l'homme devenu indigne de monter à cheval, indigne de l'état de chevalier.

Maint trouvère chanta les vertus chevaleresques, celles de Renaud de Tor, par exemple, resté, jusqu'à la mort, fidèle à son idéal :

"Renaud de Tor, le baron, est descendu de son cheval, frappé au corps par quatre dards tranchants. Quand il se vit mort, quelle douleur, quelle colère ! Il tire une dernière fois son épée, passe le bras dans son écu et tous ceux qu'il atteint périssent. Mais le sang de ses plaies coule trop abondamment... Alors, il s'adresse au Seigneur et à ses Vertus : Glorieux Père, qui fus et seras toujours, prends pitié de mon âme, car le corps est perdu".

La France eut, au XIIIe siècle, son "roi-chevalier", saint Louis. Courtoisie, prestance, courage, sagesse, crainte de Dieu, toutes vertus chevaleresques, se trouvent incarnées chez ce souverain qu'anime un idéal de justice et de paix. Comme Philippe Auguste et Philippe le Hardi, Louis IX tient le preux Roland en considérable estime : le paladin n'était-il pas depuis trois siècles l'exemple de tout chevalier ?

Mais, quinze ans après la mort de saint Louis, Philippe le Bel paraît bien étranger à l'univers de la chevalerie. Politique habile, esprit réaliste et retors, il se veut souverain au-dessus de tout. Pour cela, tous les moyens sont bons. Le Bel frappe d'impôt le clergé, n'hésite pas à s'emparer de la personne du Pape, falsifie la monnaie, s'attaque à l'Ordre, immensément riche, des Templiers dont il fait arrêter le grand maître et les dignitaires, bientôt envoyés au bûcher...

En évoquant le personnage de Philippe, *le Roi de fer*, on songe à ce Raoul de Cambrai, héros terrible d'une de nos plus anciennes chansons de gestes, criant à ses hommes d'armes :

"Vous planterez ma tente au milieu de l'église. Vous ferez mon lit devant l'autel. Vous lâcherez mes faucons sur le crucifix d'or...".

Nous sommes loin du premier commandement auquel devait obéir tout bon chevalier, qu'il fût roi ou modeste seigneur : *Essanplir la loi Deu,* accomplir la loi de Dieu.

Le présent volume appartient à la dernière édition (revue et corrigée) de cet ouvrage. La date du copyright mentionnée ci-dessous ne concerne que le dépôt à Washington de la *première* édition.

(*) Aspirant à la chevalerie.

JEAN DE LA SALLE OUVRE GRANDS LES YEUX. POITIERS L'ÉMERVEILLE. QUE CE MONDE EST DIFFÉRENT DU MORNE CHÂTEAU DE CIVRAY, OÙ SON PÈRE LE PLAÇA À L'ÂGE DE DOUZE ANS POUR FAIRE SON APPRENTISSAGE DE JEUNE NOBLE !

JEAN FUT PAGE, ATTACHÉ À LA DAME DE CIVRAY, QUI LUI ENSEIGNA LES BONNES MANIÈRES, ET REÇUT DU CHAPELAIN, EN MÊME TEMPS QUE BERTRAND, DES LEÇONS DE LECTURE ET D'ÉCRITURE.
PLUS TARD, JEUNE DAMOISEAU, IL S'ENTRAÎNA CHAQUE JOUR À L'ESCRIME DU BÂTON ET DE L'ÉPÉE. RUDE ÉCOLE !
ALLONS FRAPPE ! FRAPPE À TE ROMPRE LE BRAS !
A CHEVAL, JEAN FRANCHISSAIT CLÔTURES ET FOSSÉS À SE ROMPRE LES OS.
JE SUIS FIER DE TOI, COMME UN PÈRE LE SERAIT DE SON FILS
A DIX-HUIT ANS, C'ÉTAIT UN ÉCUYER ACCOMPLI. AUX COMBATS ET AUX JEUX DE LANCE, IL MONTRAIT MAÎTRISE PARFAITE.
IL APPRIT LES RÈGLES DE LA CHASSE, LA FAÇON DE TRANCHER LES VIANDES, L'ART DE SERVIR À TABLE ET CHAQUE JOUR, IL FORTIFIAIT SON RÊVE : ACCÉDER À LA CHEVALERIE...

... ET VOILÀ JEAN DE LA SALLE AU BOUT DE L'ÉPROUVANTE ROUTE. IL A VINGT ANS. LE JOUR DE LA PENTECÔTE, ALPHONSE, COMTE DE POITIERS, LE FERA CHEVALIER. HONNEUR INSIGNE !
DANS LA PLUS GRANDE SALLE DU CHÂTEAU, LE JEUNE COMTE ALPHONSE TIENT TABLE OUVERTE. IL ACCUEILLE SES HÔTES AVEC CHALEUR.
SOYEZ LES BIENVENUS ! LA ROUTE FUT LONGUE DEPUIS CIVRAY.
JEAN ET BERTRAND, INTIMIDÉS, NE SOUFFLENT MOT.
ILS ONT BELLE ALLURE, CES BACHELIERS. IL ME PLAÎT D'ÊTRE LEUR PARRAIN !
VOUS LES AVEZ NOURRIS DE LA SCIENCE DES ARMES, PIERRE DE CIVRAY. MOI, LEUR SUZERAIN, JE PATRONNE LEUR ENTRÉE DANS LA CHEVALERIE, POUR LE SERVICE DU ROI.
JEAN REPREND SES ESPRITS.
LE ROI EST NOTRE EXEMPLE, TANT IL EST VRAI QUE LE CŒUR DU ROI VAUT TOUT L'OR DU PAYS !

La cérémonie de l'ADOUBEMENT commence le samedi, vigile de la PENTECÔTE. Jean, comme ses compagnons, prend le bain rituel, symbole de pureté.
A la nuit, il gagne avec les autres l'église Saint-Jean, où a lieu la VEILLÉE D'ARMES.
Priez et recueillez-vous, mes fils !
Dure est la veillée, debout ou à genoux.
Saint Jean, mon doux patron, accordez-moi l'honneur, et à mon père la vie.
Ah ! que vienne l'aube du grand jour ! Et son rêve l'entraîne au galop d'un roncin. Il portera le HAUBERT à doubles mailles, le HEAUME aux reflets bleus, la lourde ÉPÉE, le grand ÉCU.
Chevalier, je serai chevalier !

Après huit heures de veille et de prière, Jean et ses compagnons entendent une messe, puis regagnent le château dans la fraîcheur du jour. Ils ont faim. Et la journée sera rude.
La cour du château sert de théâtre à la cérémonie d'adoubement. Le comte Alphonse préside. Les dames ont revêtu leurs plus beaux atours.
Pierre de Civray fixe les éperons.
Il est dommage que ton père soit malade, Jean, mais je le remplace ici.
Vêtu du haubert, coiffé du heaume, Jean de la Salle frémit d'émotion.
Le comte de Poitiers s'avance, portant l'épée. Selon le vieux rite de la chevalerie, de la main le comte Alphonse frappe à la nuque le nouveau chevalier: c'est la **paumée**.
Honore ton suzerain ! Sois bon envers les pauvres ! Aime Dieu !

LES VINGT ADOUBÉS SE RETROUVENT ENSUITE DANS LA PRAIRIE DU CLAIN (*). VOICI VENU LE MOMENT DE PROUVER LEUR SAVOIR-FAIRE. UN VALET PRÉSENTE À JEAN DE LA SALLE UN SOLIDE CHEVAL...
(*) Rivière de Poitiers.
... IL RECULE DE QUELQUES PAS, IL BONDIT.
DIEU M'AIDE !
UNE RUMEUR ADMIRATIVE S'ÉLÈVE DANS LA TRIBUNE.
O-OOOOH !
LE VAILLANT FILS ! IL N'A PAS TOUCHÉ L'ÉTRIER !
LEVEZ LA QUINTAINE !
CHEVALIER, FAIS HONNEUR À TON LIGNAGE ! ET FRAPPE LA QUINTAINE, COMME JE T'APPRIS.
IL A ENTENDU L'ORDRE...
LANCE AU POING, CHEVALIER !

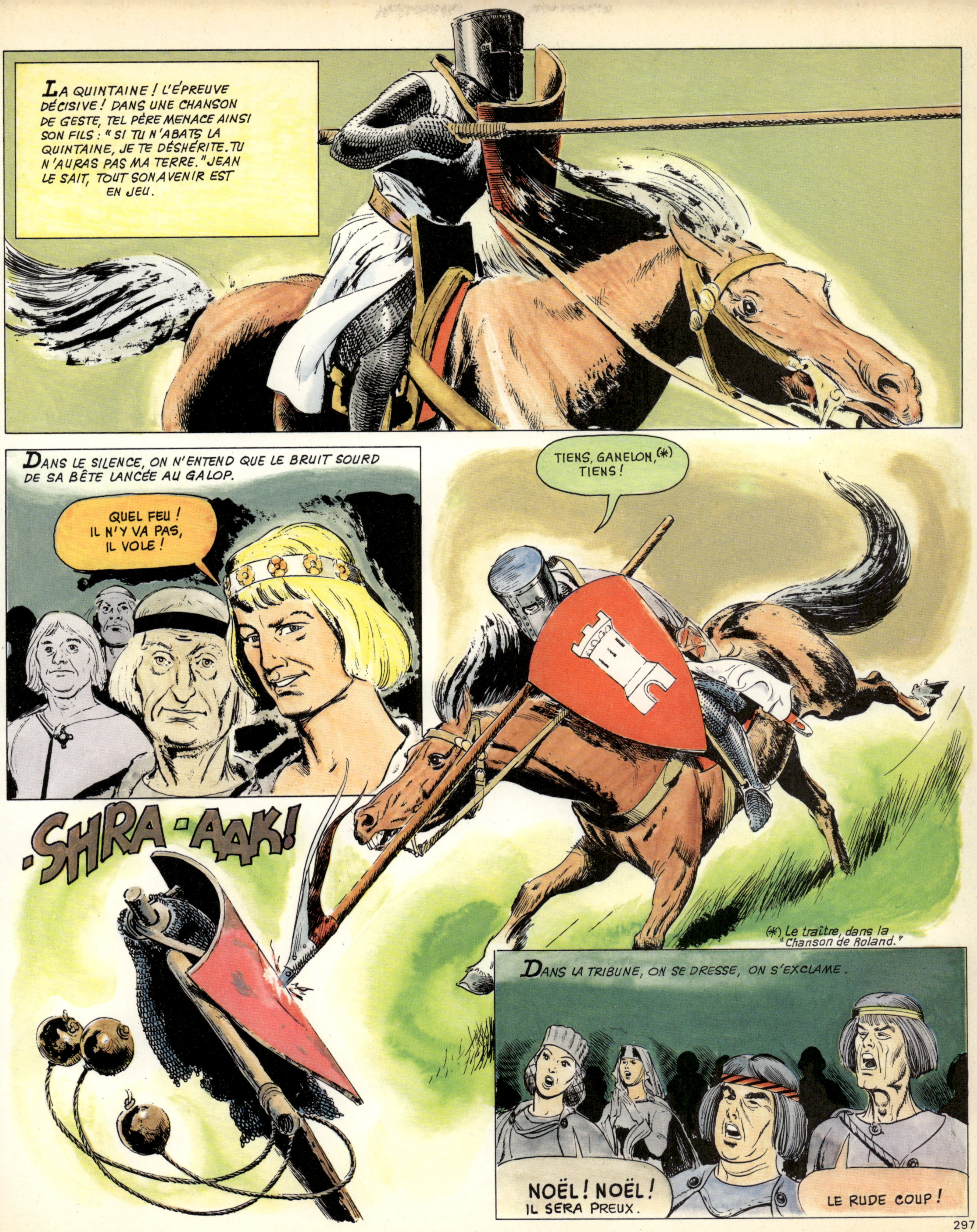
LA QUINTAINE ! L'ÉPREUVE DÉCISIVE ! DANS UNE CHANSON DE GESTE, TEL PÈRE MENACE AINSI SON FILS : " SI TU N'ABATS LA QUINTAINE, JE TE DÉSHÉRITE. TU N'AURAS PAS MA TERRE." JEAN LE SAIT, TOUT SON AVENIR EST EN JEU.
DANS LE SILENCE, ON N'ENTEND QUE LE BRUIT SOURD DE SA BÊTE LANCÉE AU GALOP.
QUEL FEU ! IL N'Y VA PAS, IL VOLE !
TIENS, GANELON,(*) TIENS !
SHRA-AAK !
(*) Le traître, dans la "Chanson de Roland."
DANS LA TRIBUNE, ON SE DRESSE, ON S'EXCLAME.
NOËL ! NOËL ! IL SERA PREUX.
LE RUDE COUP !

AH ! LE BEL EXPLOIT !
D'UN SEUL COUP JEAN A CREVÉ L'ÉCU, DÉMAILLÉ LE HAUBERT ET, DANS SA BELLE ARDEUR, ARRACHÉ LE PIEUX QUI PORTE LA QUINTAINE. L'OBSCUR JEAN DE LA SALLE EST DEVENU LE HÉROS DU JOUR...
... ON LE FÊTE JUSQU'À LA NUIT TOMBÉE. LES ADOUBÉS LE RECONNAISSENT COMME LE MEILLEUR.
JEAN, TU FAIS HONNEUR À MON PÈRE ET AU TIEN.
ET LE SOIR, AU CHÂTEAU...
JEAN, JE TE GARDE À MON SERVICE ET FAIS DE TOI MON HOMME DE CORPS. DIEU M'EST TÉMOIN, TU AS GAGNÉ CE DROIT.
CETTE DISTINCTION L'ATTACHE AU SERVICE PERSONNEL DE SON SUZERAIN. HOMME DE CORPS DU COMTE DE POITIERS, DU FRÈRE DU ROI ! IL N'A JAMAIS RÊVÉ D'UN TEL HONNEUR.
TOURBILLONS DE FÊTE ! TARD DANS LA NUIT, LES NOUVEAUX CHEVALIERS FONT DANSER DAMES ET DAMOISELLES.

JEAN DE LA SALLE EST DONC UN FAMILIER DU CHÂTEAU. LE COMTE LE TIENT EN HAUTE ESTIME ET MÊME EN AMITIÉ.
DEMAIN NOUS CHASSERONS AU FAUCON EN COMPAGNIE DES DAMES... JEAN, PRENDS GARDE À TA TOUR !
LA CHASSE EST DE TOUS LES JOURS. LA VENAISON, IL EST VRAI, TIENT EN CUISINE UNE PLACE CAPITALE. LA CHASSE AU FAUCON RESTE JEU DE SEIGNEUR.
LES RAPACES FAROUCHES FONDENT SUR DES HÉRONS
LE ROI MON FRÈRE ME DONNA L'AUTRE HIVER CES DEUX GERFAUTS D'ISLANDE...
SUR LE CHEMIN DU RETOUR, LE COMTE ALPHONSE PARLE DU ROI AVEC TENDRESSE ET FIERTÉ.
LOUIS AVAIT DOUZE ANS QUAND, À L'AUTOMNE, EN 1226, IL SUCCÉDA À NOTRE PÈRE DÉFUNT.
JEAN BOIT LES PAROLES DE SON SUZERAIN. À TRAVERS LE RÉCIT, IL DÉCOUVRE LES ENFANCES DU ROI, MODÈLE DE TOUS LES CHEVALIERS DE FRANCE.

« NOTRE MÈRE, LA REINE BLANCHE, QUI ASSURAIT LE BAIL (*) DU ROYAUME, LE FIT SACRER À REIMS, LE 29 NOVEMBRE 1226. »
(*) Blanche de Castille assura la Régence.
« MAIS DE HAUTS BARONS, DONT PHILIPPE HUREPEL, COMTE DE BOULOGNE, ET PIERRE MAUCLERC, COMTE DE BRETAGNE, TRAMAIENT LES FILS D'UN COMPLOT. »
LA RÉGENTE VEUT NOUS RABATTRE. IL EST TEMPS D'AGIR CONTRE L'ÉTRANGÈRE !
« CES SEIGNEURS SE RASSEMBLÈRENT EN FORCE À CORBEIL AVEC LE VIL DESSEIN D'ENLEVER LE JEUNE ROI. »
« NOTRE MÈRE, LA REINE, ALORS À MONTHLÉRY, FIT APPEL AUX PETITS CHEVALIERS D'ÎLE DE FRANCE ET AUX MILICES DE PARIS, QUI ACCOURURENT EN MASSE AU SECOURS DE LOUIS... »
« LES FÉODAUX DURENT BATTRE EN RETRAITE, ET LE JEUNE ROI ENTRA DANS SA BONNE VILLE DE PARIS... »
LONGUE VIE AU ROI ! DIEU LE GARDE CONTRE SES ENNEMIS !

CES ENNEMIS, LES HAUTS BARONS, BLANCHE DE CASTILLE LES RÉDUIT UN À UN, PAR LES FAVEURS OU PAR LES ARMES.
THIBAUD, COMTE DE CHAMPAGNE, FAIT SA SOUMISSION.
DITES À LA REINE QUE JE SUIS DÉSORMAIS SON FÉAL ET SON ALLIÉ.
PIERRE MAUCLERC APPELLE À LA RESCOUSSE HENRI III D'ANGLETERRE, QUI DÉBARQUE À SAINT-MALO À LA TÊTE DE FORCES CONSIDÉRABLES.
MAIS LE BRETON, ABANDONNÉ DE TOUS, DUT PLIER LE GENOU DEVANT LA REINE, TANDIS QUE LES ANGLAIS SE CONTENTAIENT D'UNE PROMENADE MILITAIRE JUSQU'À LEUR DOMAINE D'AQUITAINE.
RAYMOND VII, COMTE DE TOULOUSE, SE REND À PARIS NU-PIEDS ET EN CHEMISE, ET REÇOIT LA DISCIPLINE EN L'ÉGLISE NOTRE-DAME.
JE VOUS AIDE À APPRENDRE VOTRE MÉTIER DE ROI, MON FILS !

"CHASSE AU CERF EST GLORIEUSE, CHASSE AU SANGLIER PÉRILLEUSE." TOUT FILS DE CHEVALIER CONNAÎT LE DICTON DÈS L'ENFANCE.

(1) En vénerie, sanglier de 6 mois à 1 an.

(2) Chiens de meute.

VLOO ! VLOO ! (*)
AU SUZERAIN REVIENT L'HONNEUR DE "SERVIR" LE SANGLIER. C'EST LA COUTUME ET LA LOI.
(*) Cri d'appel aux chiens.
RA - AAAK !
LE COMTE DE POITIERS MARCHE SUR LA BÊTE ROUSSE. C'EST ALORS QU'IL GLISSE SUR LE SANG D'UN CHIEN, FLAQUE DÉJÀ GELÉE.
LA FUREUR DU SOLITAIRE SE RETOURNE CONTRE L'HOMME À TERRE. VIEIL INSTINCT DE LA BÊTE FORCÉE... JEAN S'ÉLANCE, PLONGE L'ÉPIEU EN PLEIN POITRAIL. LE CHOC LUI ÉBRANLE LE CORPS.
PLUS TARD ILS RAMÈNENT AU CHÂTEAU LE SANGLIER VIDÉ. JEAN N'OUBLIERA PAS DE SITÔT L'ACCOLADE QUE LUI A DONNÉE SON SEIGNEUR COMTE.
JEAN, TU OFFRIRAS LES BOUTOIRS À MA DAME. CELA T'EST DÛ.

Et le soir à la veillée, on parle de chasse. On évoque le roi, grand chasseur de cerfs et de sangliers.
Le roi disait que la chasse est un bon apprentissage militaire...
...« Il fit venir de Tartarie des chiens dressés pour la chasse au loup et au sanglier qu'on appelle GRIFFONS. C'était avant son mariage... »
« ...Mon frère épousa le 27 mai 1234 Marguerite, fille du comte de Provence. Elle était belle comme une rose, la Provençale, dans tout l'éclat de ses treize ans ! »
« À dire le vrai, notre mère Blanche fit tout pour dominer les jeunes époux. Elle craignait de perdre son autorité. »
Venez, mon fils, les affaires du royaume ne peuvent attendre.
Mon Dieu, faites qu'elle ne détache de moi mon doux seigneur !

AINSI, DURANT CE LONG HIVER MORDANT, LE CHEVALIER JEAN DE LA SALLE APPRIT TOUTE LA GESTE DU ROI...
MONTJOIE ! SAINT DENIS !
... SA BRAVOURE À TAILLEBOURG, OÙ IL DÉFIT L'ARMÉE ANGLAISE, AVANT DE L'ÉCRASER ENCORE À SAINTES...
... LA PASSION QU'IL APPORTA À LA CONSTRUCTION DE L'ABBAYE DE ROYAUMONT ET DE LA SAINTE-CHAPELLE, TRIOMPHES DE L'ART FRANÇAIS...
... SA FERVEUR POUR LES RELIQUES, ET SURTOUT POUR LA COURONNE D'ÉPINES DU CHRIST, QU'IL ALLA CHERCHER EN GRANDE POMPE À VILLENEUVE-L'ARCHEVÊQUE (1239)...
... SON ARDEUR À MAÎTRISER LES GRANDS VASSAUX, QU'IL RÉDUISIT L'UN APRÈS L'AUTRE, DE TOULOUSE AU RHÔNE, DE LA PROVENCE AUX MARCHES DE NORMANDIE.

(*) Joinville, Histoire de saint Louis.

DIGNE VILLE D'UN TEL ROI !
LE COMTE ET SES GENS ENTRENT DANS PARIS AUX PREMIERS JOURS D'AVRIL. POUR JEAN, TOUT EST MERVEILLE. LE VOICI DANS LA PREMIÈRE CITÉ DE LA CHRÉTIENTÉ...
TU VERRAS LE ROI, CHEVALIER... IL T'ACCUEILLERA COMME IL ACCUEILLE LE RICHE OU LE PAUVRE, LE PUISSANT OU LE FAIBLE, AVEC BONTÉ.
DEUX JOURS PLUS TARD, JEAN EST À L'AUDIENCE DU ROI.
RELÈVE-TOI... LE COMTE MON FRÈRE TE VEUT DU BIEN. ET MOI, D'AUTANT !
MON SEIGNEUR !
S'IL VOUS PLAÎT, MON FRÈRE, APRÈS LES FÊTES DES RELIQUES, IL JOUTERA AU GRAND **TOURNOI**. IL M'A SAUVÉ LA VIE, JE LUI DOIS CET HONNEUR.
LOUIS IX RELÈVE D'UNE LONGUE MALADIE. SON VISAGE EST TOUTE DOUCEUR. DANS QUELQUES JOURS IL PORTERA LES RELIQUES DE LA PASSION DU CHRIST DANS LA SAINTE-CHAPELLE, CHEF-D'ŒUVRE DE SON RÈGNE.

PIERRE DE MONTREUIL A, DIT-ON, CONSTRUIT CE SANCTUAIRE ADMIRABLE, AU FLANC MÊME DU PALAIS QUE LE ROI HABITE EN L'ÎLE DE LA CITÉ.
LE 26 AVRIL, LE PIEUX LOUIS IX Y DÉPOSE LES RELIQUES ACHETÉES À L'EMPEREUR D'ORIENT.(*)
CETTE ÉGLISE SE NOMMERA "LA SAINTE COURONNE ET LA SAINTE CROIX."
(*) Baudouin II de Courtenay, à court d'argent.
JEAN DE LA SALLE N'A D'YEUX QUE POUR LE ROI, QUI S'ABÎME DANS UNE PROFONDE MÉDITATION.
POUR LUI, JE DONNERAIS MA VIE !
JE DONNERAI MA VIE POUR LE TOMBEAU DU CHRIST. JE M'EN VAIS OUTREMER ET NE SAIS SI JE REVIENDRAI.
LE ROI A DÉCIDÉ DE PARTIR EN CROISADE. LES PRUD'HOMMES DE SON ENTOURAGE LE SAVENT, ET IL Y A, DANS CETTE FÊTE DES RELIQUES, QUELQUE MÉLANCOLIE...
LA LUMIÈRE JOUE MERVEILLEUSEMENT À TRAVERS LES VITRAUX...

(*) Chevaliers prenant part à un tournoi.

ON L'ENTRAÎNE VERS LA TRIBUNE. ON DÉLACE SON HEAUME. IL EST LE VAINQUEUR DU TOURNOI ; LE ROI LUI REMETTRA UN LYS D'OR.

LE 12 JUIN 1248, LE ROI-CROISÉ QUITTE PARIS. LA REINE BLANCHE ET LE COMTE DE POITIERS ASSURENT EN SON ABSENCE LA RÉGENCE DU ROYAUME.
BEAU TENDRE FILS, JE NE VOUS REVERRAI JAMAIS, LE CŒUR ME LE DIT...
PEU DE TEMPS APRÈS, LA MORT DE SON PÈRE RAPPELLE EN POITOU JEAN DE LA SALLE.
IL T'A RÉCLAMÉ AVANT DE MOURIR, BELLOT. IL ÉTAIT SI FIER DE TOI !
LE VOICI MAINTENANT CHEF DE LIGNAGE, SEIGNEUR DU NID D'AIGLE DE L'ISLE-JOURDAIN QUI DOMINE LA VIENNE ET COMMANDE L'ACCÈS DES MARCHES DU LIMOUSIN.
DEUX ANNÉES PASSENT, PUIS IL ÉPOUSE AUDE, FILLE DU SIRE DE LUSSAC.

(*) Écoutez.

(*) Requêtes, dites "de la porte" parce que le Roi les recevait généralement au sortir du palais.

"SOUVENT, L'ÉTÉ, LE ROI SE REND À VINCENNES ET, APRÈS MESSE, S'ASSIED SOUS UN CHÊNE POUR RENDRE LA JUSTICE, ET TOUS PEUVENT L'APPROCHER. IL FAIT BÂTIR À PARIS UN GRAND HÔPITAL..."
"... QUE L'ON APPELLE LES QUINZE-VINGTS PARCE QU'Y VIVENT TROIS CENTS CHEVALIERS, AVEUGLES..."
"... DANS LEURS DIFFÉRENDS, LES PRINCES LES PLUS GLORIEUX D'EUROPE LE PRENNENT POUR ARBITRE..."
MES SEIGNEURS, AVEC L'AIDE DE DIEU, NOUS TROUVERONS LA VOIE, HORS LES ARMES ET LA GUERRE.
"... EN ASIE, LE REDOUTABLE KHAN DES MONGOLS S'EFFACE DEVANT SA GRANDEUR."
L'EMPEREUR N'EST PAS LE PLUS GRAND. LE PLUS GRAND EST LE ROI DE FRANCE.
L'HEURE DU COUCHER EST VENUE...
MES FILS, LE PLUS BEAU JOUR DE MA VIE FUT CELUI OÙ LE ROI S'AVANÇA JUSQU'À MOI ET ME PARLA. SA BONTÉ ME PÉNÉTRA COMME UNE LAME DE SOLEIL...

JANVIER 1315. APRÈS UN LONG RÈGNE DE TRENTE ANS LE ROI PHILIPPE IV, DIT "LE BEL", S'EST ÉTEINT L'ANNÉE PASSÉE, LE 29 NOVEMBRE.
ADMIREZ LA SEINE, MON JEUNE AMI! NOTRE-DAME, LE PALAIS, L'HÔTEL DE NESLE... ET LE TEMPLE, TOUT LÀ-BAS! PHILIPPE LE BEL NE CONTEMPLERA PLUS CETTE VILLE...
PHILIPPE le BEL
"Le ROI de FER"
..." OÙ IL SE MÊLAIT PARFOIS AUX RIBAUDS, POUR S'ENQUÉRIR DE LEUR SORT. CAR IL FUT UN CURIEUX SOUVERAIN!"
CERTAINS ADMIRERONT CE QU'IL FIT POUR LE ROYAUME; D'AUTRES DÉNONCERONT SES EXCÈS. MAIS NUL NE RESTERA INDIFFÉRENT À SON SOUVENIR!
VOUS ÉTIEZ "CHEVALIER DU ROI" ET LÉGISTE AUPRÈS DE LUI, N'EST-IL PAS VRAI?
OUI, DURANT TOUT SON RÈGNE! PHILIPPE S'EST TOUJOURS ENTOURÉ DE CONSEILLERS ET DE LÉGISTES.
LA POSTÉRITÉ DIRA SANS DOUTE QU'IL FUT NOTRE PREMIER "ROI-LÉGISTE"!

PARLEZ-MOI DE LUI, MAÎTRE.
J'ÉTAIS UN JEUNE LÉGISTE COMME VOUS QUAND PHILIPPE IV DEVINT ROI, EN 1285.
"CE JEUNE HOMME DE 17 ANS ÉTAIT GRAND ET BEAU, D'OÙ LE SURNOM DE "LE BEL". FORT COMME UN CHAMPION DE TOURNOI..."
"... IL ÉTAIT CAPABLE D'ÉPUISER DIX CHEVAUX AU COURS D'UNE SEULE PARTIE DE CHASSE !"
UNE GRANDE IDÉE EN TÊTE : ORGANISER LE ROYAUME, RENFORCER L'AUTORITÉ ROYALE. LE ROI SE MIT À L'ŒUVRE !
"COMME SON AÏEUL SAINT LOUIS ET SON PÈRE PHILIPPE LE HARDI, IL LIMITA LES GUERRES PRIVÉES QUI AFFAIBLISSAIENT LE ROYAUME."

DANS TOUS LES DOMAINES PHILIPPE LE BEL MULTIPLIA LES LOIS ET LES ORDONNANCES. AINSI, EN 1287...
QUE CETTE CHARTE STIPULE NON SEULEMENT LES DROITS MAIS AUSSI LES DEVOIRS DES VILLES !
ET EN 1288...
LES ECCLÉSIASTIQUES SERONT DÉSORMAIS EXCLUS DU PARLEMENT ET DES TRIBUNAUX. AUCUN JUIF NE POURRA ÊTRE ARRÊTÉ SUR SIMPLE RÉQUISITION D'UN MOINE.
POUR UNIFIER LE ROYAUME, PHILIPPE IV S'OPPOSA AUX PRÉROGATIVES DE LA NOBLESSE ET DU CLERGÉ. CE DERNIER POUVAIT ACQUÉRIR PAR LEGS OU DONATION LES TERRES DU ROYAUME...
LE ROI LIMITA CE DROIT ! CE FUT LE DÉBUT DE DÉMÊLÉS INEXTRICABLES AVEC LE PAPE BONIFACE VIII, SON PLUS ILLUSTRE ADVERSAIRE.
"...MAIS À CETTE ÉPOQUE, IL DUT AFFRONTER D'AUTRES DIFFICULTÉS. À BAYONNE, EN 1292, SUR LES TERRES DU PLANTAGENÊT ÉDOUARD 1ER, UNE RIXE BANALE ENTRE MATELOTS FRANÇAIS ET ANGLAIS..."

..."AVAIT DÉGÉNÉRÉ EN VÉRITABLE BATAILLE. DE PART ET D'AUTRE DES BATEAUX FURENT COULÉS."

LES ANGLAIS ATTAQUÈRENT LA ROCHELLE ET RIPOSTÈRENT VIOLEMMENT.

PHILIPPE LE BEL DUT SE PORTER AU SECOURS DES FRANÇAIS EN DIFFICULTÉ.
Angoulême
Périgueux
BORDEAUX
GUYENNE
EN MAI 1294, LE DUCHÉ DE GUYENNE FUT CONFISQUÉ AU VASSAL DU ROI DE FRANCE QUI, DEUX ANS PLUS TARD, LE LUI ENLEVA.

CETTE GUERRE FUT IMMÉDIATEMENT SUIVIE DE CELLE DE FLANDRE, DONT LE COMTE AVAIT PRIS LE PARTI DE L'ANGLETERRE.
LA FLANDRE TOMBA, MAIS LE GOUVERNEUR FRANÇAIS IMPOSA UNE TELLE TYRANNIE QUE LES VAINCUS SE SOULEVÈRENT.
TOUTE LA POPULATION DE BRUGES, S'IMPOSANT UN EXTRAORDINAIRE SILENCE, PRÉPARA EN SECRET SA RÉVOLTE.
AU JOUR DIT, À L'INSTANT CHOISI, ELLE SE DRESSA UNANIME CONTRE L'OCCUPANT.
VIVE LA COMMUNE DE FLANDRE ! MORT AUX FRANÇAIS !
TROIS JOURS DURANT, BRUGES SE BATTIT. SEULS LE GOUVERNEUR ET UNE POIGNÉE D'HOMMES LUI ÉCHAPPÈRENT. AUX MATINES DE BRUGES, LE 18 MAI 1302, ON VIT PÉRIR BIEN DES FRANÇAIS...

LES FLAMANDS NE LÂCHAIENT PAS PRISE. SOUS LES MURS DE COURTRAI, L'ARMÉE DE ROBERT II, COMTE D'ARTOIS, L'APPRIT À SES DÉPENS.
UNE SEULE CHARGE SUFFIRA POUR DÉBANDER CES FLAMANDS, CHEVALIERS ! NOS ARBALÉTRIERS RAVAGENT LES RANGS FLAMANDS ; ON NE VA PAS LEUR LAISSER L'HONNEUR DE LA JOURNÉE !
CRUELLE ERREUR ! LES LOURDS DESTRIERS ALLÈRENT DONNER DANS UN FOSSÉ CAMOUFLÉ SOUS DES BRANCHAGES. ALOURDIS PAR LEURS ARMURES, LES CAVALIERS NE PURENT SE RELEVER !
4000 ÉPERONS FURENT SUSPENDUS AUX VOÛTES DE LA CATHÉDRALE DE COURTRAI, ATTESTANT LA CUISANTE DÉFAITE DE LA CHEVALERIE FRANÇAISE !
EN CETTE SINISTRE JOURNÉE DU 11 JUILLET 1302, ROBERT D'ARTOIS, LE GARDE DES SCEAUX PIERRE FLOTE ET LA FLEUR DE LA NOBLESSE PÉRIRENT SOUS LES COUTEAUX DES TISSERANDS ET DES FOULONS. ARTISANS CONTRE CHEVALIERS, FANTASSINS CONTRE CAVALIERS ! COURTRAI ! CE NOM SONNA COMME UN PRÉSAGE !

IMPERTURBABLE, PHILIPPE LE BEL PRIT LUI-MÊME LA TÊTE DE L'ARMÉE. À LA BATAILLE DE MONS-EN-PÉVÈLE, LE 18 AOÛT 1304...
..." ON LE VIT, SANS HEAUME ET SANS ARMURE, MENER SES TROUPES À LA VICTOIRE. LES FLAMANDS, ÉCRASÉS, PERDIRENT LEUR CHEF, GUILLAUME DE JULIERS."
LE ROI SE COMBAT ! LE ROI SE COMBAT !
DANS LE MÊME TEMPS, LA FLOTTE FRANÇAISE TRIOMPHAIT DES VAISSEAUX BRUGEOIS À ZIERIKZEE.
ON TRAITA ENFIN. LA PAIX FUT SIGNÉE À ATHIS-SUR-ORGE, EN 1305. MAIS, DURANT CES CAMPAGNES, LA DISCORDE ENTRE LE ROI ET LE PAPE N'AVAIT FAIT QUE GRANDIR.

BONIFACE VIII RÉAGIT AUSSITÔT. PAR LA BULLE "CLERICIS LAICOS" (1296), IL INTERDIT DE VERSER L'IMPÔT SANS L'AUTORISATION DU SAINT-SIÈGE !

LE CLERGÉ S'OBSTINA. PHILIPPE DUT PRENDRE LES MESURES LES PLUS DIVERSES POUR REDRESSER LES FINANCES. IL DEMANDA À SES FIDÈLES SUJETS DE VERSER AU TRÉSOR LEUR VAISSELLE D'OR ET D'ARGENT.

ON LEVA DES AIDES*, LE PLUS SOUVENT MAL ACCUEILLIES. LES COLLECTEURS, TOUT AUSSI MAL REÇUS, PAYÈRENT PARFOIS DE LEUR VIE CES EXIGENCES !
* Impôts exceptionnels.
SAINT LOUIS, EN SON TEMPS, AVAIT OBTENU QUE LA MONNAIE ROYALE EÛT COURS SUR LES TERRES DES BARONS...
"... PHILIPPE LE BEL FIT PLUS. IL SUSPENDIT LE DROIT DES BARONS DE "BATTRE MONNAIE" EUX-MÊMES."
MAIS SES FINANCES RESTAIENT EN DIFFICULTÉ. IL MANIPULA ALORS SA PROPRE MONNAIE, CE QUI PROVOQUA QUELQUES ÉMEUTES...
LE BEL TRAHIT LA MONNAIE ! LE BEL N'EST QU'UN FAUX-MONNAYEUR !
QUAND LA MONNAIE RETROUVA SA VALEUR, IL Y EUT CONFUSION DES PRIX. DANS PARIS, LES LOYERS TRIPLÈRENT !

... LE ROI N'ÉCHAPPA À LA COLÈRE DES PARISIENS QU'EN SE RÉFUGIANT AU TEMPLE.
FAUX-MONNAYEUR! FAUX-MONNAYEUR!
FAUX-MONNAYEUR!
PUIS LA FOULE SE RETOURNA CONTRE LE DIRECTEUR DE LA MONNAIE, DONT LA DEMEURE FUT MISE À SAC.
PHILIPPE LE BEL SE MONTRA IMPLACABLE : LES MENEURS DE L'ÉMEUTE FURENT RETROUVÉS ET SUPPLICIÉS !
... MAIS AVANT QU'ON EN ARRIVE LÀ, LE CONFLIT QUI COUVAIT ENTRE LE ROI ET LE PAPE ÉCLATA...
BONIFACE VENAIT D'ORGANISER À ROME UN JUBILÉ TRIOMPHAL, LE PREMIER (1300). LE PAPE, QUI PRÉTENDAIT RÉGENTER L'UNIVERS...

... PARVINT À NOMMER SON AMI BERNARD SAISSET À L'ÉVÊCHÉ DE PAMIERS. IMPULSIF, EXCITÉ, CET HOMME TROP BAVARD SOUTENAIT DANS LE MIDI LES IDÉES DU PONTIFE.
SAISSET PRONONÇA À PROPOS DU ROI DES MOTS QUI RESTERONT CÉLÈBRES...
IL A BEAU ÊTRE LE PLUS BEL HOMME DU MONDE, IL NE SAIT QUE REGARDER LES GENS SANS RIEN DIRE. CE N'EST NI UN HOMME, NI UNE BÊTE, C'EST UNE STATUE !
PHILIPPE, SILENCIEUX ! AINSI SAVAIT-IL ENTENDRE ! BERNARD SAISSET AVAIT TENU DES PROPOS SÉDITIEUX...
... IL FUT MIS SOUS LA GARDE DE L'ÉVÊQUE DE SENLIS, PUIS LE ROI DEMANDA AU PAPE LA DESTITUTION DE CET HOMME "TRAÎTRE À SON ROI" !

BONIFACE RÉPLIQUA EN MULTIPLIANT LES BULLES CONTRE LE SOUVERAIN :
DIEU NE L'AVAIT-IL PAS ÉTABLI POUR RÉGIR LES LOIS ET LES ROYAUMES ?
LE PAPE CONVOQUA TOUS LES ÉVÊQUES FRANÇAIS À ROME POUR EXAMINER COMMENT REMETTRE DE L'ORDRE DANS LE ROYAUME DE FRANCE, PAR TROP INDISCIPLINÉ !
PHILIPPE ET SES LÉGISTES BONDIRENT SOUS L'OUTRAGE. ILS INTERDIRENT AUX PRÉLATS DE SE RENDRE À ROME !
... ET LE 10 AVRIL 1302, ICI-MÊME, DANS NOTRE-DAME DE PARIS, SE TINT UNE IMMENSE ASSEMBLÉE DEVANT LE SOUVERAIN !
POUR LA PREMIÈRE FOIS RÉUNIS, LES TROIS ORDRES : NOBLESSE, BOURGEOISIE, CLERGÉ, JURÈRENT FIDÉLITÉ...
AU TEMPOREL, LE ROI NE SE RECONNAÎT AUCUN SUZERAIN, HORS DIEU !

C'ÉTAIT COMME SI ON ASSISTAIT À UNE ASSEMBLÉE DES ÉTATS GÉNÉRAUX. PLUS TARD, L'HISTORIEN MICHELET VERRA DANS CET ÉVÉNEMENT L'ACTE DE NAISSANCE DE LA FRANCE.
POUR LA PREMIÈRE FOIS, LES TROIS ORDRES UNANIMES SE DRESSAIENT. ON AVAIT PRÉTENDU FAIRE DE LA FRANCE UN FIEF DU SAINT-SIÈGE !
C'EST ALORS, EN PLEINE GUERRE DE FLANDRE, QUAND LA VICTOIRE BOUDAIT PHILIPPE IV...
N'AURONS-NOUS JAMAIS FINI ! JE CROIS QU'IL PLEUT DES FLAMANDS !
... QUE BONIFACE VIII EXCOMMUNIA LE ROI ! C'EN ÉTAIT TROP ! AU LOUVRE LE 13 JUIN 1303, AU COURS D'UNE GRANDE ASSEMBLÉE, LES LÉGISTES, POUR QUI LE SOUVERAIN ÉTAIT LA SEULE AUTORITÉ EN FRANCE, CONTRE-ATTAQUÈRENT...
JE SOUTIENS QUE BONIFACE EST MONTÉ PAR FRAUDE SUR LE TRÔNE DE SAINT-PIERRE. IL EST CHARGÉ DE CRIMES ! IL NE PEUT ÊTRE TOLÉRÉ !

IL FUT DÉCIDÉ D'ORGANISER UN CONCILE POUR JUGER LE PAPE.
MON FIDÈLE NOGARET AURA MISSION DE CITER LE PAPE DEVANT LE CONCILE.
ON FIT APPROUVER CETTE DÉCISION PAR LES CLERCS ET LE PEUPLE. GUILLAUME DE NOGARET SE MIT EN ROUTE POUR L'ITALIE AVEC UNE PETITE TROUPE.
EN SEPTEMBRE 1303, LES ENVOYÉS ATTEIGNIRENT LA CITÉ FORTE D'ANAGNI, OÙ RÉSIDAIT LE PAPE.
SCIARRA COLONNA, ROMAIN D'UNE ILLUSTRE FAMILLE ENNEMIE DU PAPE, SE JOIGNIT À NOGARET.
LA VILLE N'OFFRIT QU'UNE FAIBLE RÉSISTANCE...

PRIS DE PANIQUE, L'ENTOURAGE DU PAPE S'ENFUIT. LE PALAIS TOMBA RAPIDEMENT.

BONIFACE ÉTAIT AUX MAINS DES ASSAILLANTS. SCIARRA COLONNA L'AURAIT SOUFFLETÉ, DIT-ON, DE SON GANTELET DE FER !
VOICI MON COU, VOICI MA TÊTE ! DU MOINS JE MOURRAI PAPE !

ON PARLA D'EXÉCUTER BONIFACE, MAIS GUILLAUME NOGARET S'OPPOSA FERMEMENT À CE PROJET.
BONIFACE DOIT ÊTRE JUGÉ PAR UN CONCILE ! IL ABDIQUERA OU SERA DÉPOSÉ ! TELLE EST LA VOLONTÉ DE NOTRE ROI PHILIPPE !

LA POPULATION D'ANAGNI ET LES PAYSANS DES ENVIRONS SE PORTÈRENT ENFIN AU SECOURS DU PAPE. NOGARET ET SA PETITE TROUPE DURENT BATTRE EN RETRAITE EN ABANDONNANT L'ILLUSTRE CAPTIF.
MAIS LE CŒUR DE CE VIEILLARD AVAIT MAL SUPPORTÉ LE CHOC D'ANAGNI. BONIFACE MOURUT UN MOIS PLUS TARD.
IL N'EUT PAS LE TEMPS DE PUBLIER SA NOUVELLE BULLE, QUI RELEVAIT LES FRANÇAIS DE TOUTE FIDÉLITÉ AU ROI POUR CAUSE D'EXCOMMUNICATION.
BENOÎT XI LUI SUCCÉDA, PUIS CLÉMENT V, QUI S'INSTALLA EN AVIGNON ET ANNULA BIENTÔT TOUS LES ACTES QUI DÉNONÇAIENT LA POLITIQUE DE PHILIPPE LE BEL.
PHILIPPE AVAIT MENÉ SA PARTIE DE MAIN DE MAÎTRE !
ET C'EST FORT BIEN ! MAIS DITES-MOI, QUELLE EST CETTE TOUR, EN BORD DE SEINE ?

C'EST LA TOUR DE NESLE! ON CHUCHOTE QUE LES BELLES-FILLES DU ROI Y REÇURENT DES HOMMES, QU'ELLES FIRENT JETER ENSUITE DANS LE FLEUVE! MAIS CECI N'EST PEUT-ÊTRE QU'UNE HORRIBLE LÉGENDE!
... ET LES TEMPLIERS?
HUM... J'ÉTAIS DÉJÀ BIEN VIEUX QUAND DÉBUTA CETTE AFFAIRE. ET JE NE REGRETTE PAS DE N'Y AVOIR PAS TREMPÉ!
L'ORDRE DES TEMPLIERS, FONDÉ SOUS LES CROISADES, S'ILLUSTRA FORT EN PROTÉGEANT LES PÈLERINS ET LES LIEUX SAINTS.
DONS ET LEGS AFFLUÈRENT DE PARTOUT. IL DEVINT BIENTÔT LE PLUS PUISSANT DE TOUS LES ORDRES DE CHEVALERIE. ON DIT QU'IL POSSÉDAIT PLUS DE 9000 COMMANDERIES DANS TOUTE LA CHRÉTIENTÉ!

LES TEMPLIERS NE DÉPENDAIENT QUE DU PAPE ; ILS N'AVAIENT QU'UNE SEULE RÈGLE, CELLE DE LEUR ORDRE.
LEURS IMMENSES RICHESSES, LEURS TRÉSORS, RÉELS OU SUPPOSÉS, SUSCITAIENT LES CONVOITISES ! ON LEUR CHERCHA QUERELLE...
LE TEMPLE, DONT LE CHEF-LIEU ÉTAIT UN FORT ET UN ENCLOS DANS PARIS, SERVAIT DE BANQUE AUX GRANDS DE CE MONDE, TELS LES ROIS DE FRANCE ET D'ANGLETERRE.
LE MYSTÈRE DONT S'ENTOURAIENT LES CHEVALIERS RENDAIT PLAUSIBLES CES RUMEURS. BEAUCOUP, ASSURAIT-ON, S'ÉTAIENT COMPROMIS AVEC LES INFIDÈLES AU TEMPS DES CROISADES... LES FRANÇAIS AVAIENT EU À SE PLAINDRE D'EUX EN TERRE SAINTE.
MILLE BRUITS CIRCULAIENT SUR LEURS RITES SECRETS. ON LES ACCUSA D'AVOIR PERDU LA FOI, DE RENIER LE CHRIST, D'ADORER UNE IDOLE NOMMÉE "BAPHOMET"! *
C'EST ALORS QUE PHILIPPE LE BEL PRÉPARA LEUR PROCÈS ! SUR SON ORDRE, LE 13 OCTOBRE 1307...
* Sans doute, déformation de "Mahomet".

...DE PAR TOUTE LA FRANCE ET DANS TOUTES LES COMMANDERIES DU ROYAUME, TOUS LES TEMPLIERS FURENT ARRÊTÉS AU PETIT MATIN POUR SACRILÈGE ET IDOLÂTRIE. ON DEMANDA AU PAPE QU'ILS SOIENT JUGÉS.
LA PLUPART PROTESTÈRENT DE LEUR INNOCENCE, MAIS D'AUTRES, SOUS LA TORTURE, RECONNURENT LES ACCUSATIONS PORTÉES CONTRE LE TEMPLE.
CONDAMNÉS PAR LE TRIBUNAL DE L'ARCHEVÊQUE DE SENS, LE 12 MAI 1310 CINQUANTE-QUATRE TEMPLIERS FURENT LIVRÉS, L'UN APRÈS L'AUTRE, AU BÛCHER.
LE PAPE CLÉMENT V, POUSSÉ PAR LE ROI, ABOLIT L'ORDRE. TOUS SES BIENS DEVAIENT ÊTRE ATTRIBUÉS À CELUI DES HOSPITALIERS.
APRÈS CE SANGLANT PROCÈS, LE GRAND MAÎTRE DES TEMPLIERS, JACQUES DE MOLAY, ET GEOFFROI DE CHARNEY FURENT BRÛLÉS SUR CETTE ÎLE DE LA SEINE, L'AN DERNIER, LE 18 MARS 1314...

ILS MOURURENT EN CLAMANT LEUR INNOCENCE ET L'INNOCENCE DU TEMPLE ! ON LEUR PRÊTE CES DERNIÈRES PAROLES...
NOUS ASSIGNONS NOS BOURREAUX, CLÉMENT V ET PHILIPPE IV, À COMPARAÎTRE, CETTE ANNÉE MÊME, DEVANT LE TRIBUNAL DE DIEU !
OR LE PAPE MOURUT EN AVRIL, ET PHILIPPE EN NOVEMBRE !
MAIS LES TEMPLIERS ÉTAIENT-ILS **COUPABLES OU INNOCENTS ?**
LE SAURONS-NOUS JAMAIS ? CERTAINS AVOUÈRENT SANS ÊTRE TORTURÉS, D'AUTRES CLAMÈRENT LEUR INNOCENCE JUSQUE DANS LA MORT !
EXISTAIT-IL, À **L'INTÉRIEUR MÊME DE L'ORDRE,** UNE SECTE SECRÈTE ET COUPABLE, AGISSANT À L'INSU DES TEMPLIERS INNOCENTS ? QUI LE DIRA ?

POURQUOI TANT DE RIGUEUR ? PHILIPPE LE BEL CONVOITAIT-IL LES BIENS DES TEMPLIERS ? CRUT-IL À L'HÉRÉSIE ? S'ALARMA-T-IL DE LA PUISSANCE DE L'ORDRE ?(*)
* De nos jours encore, ces thèses divisent les historiens.
LE "ROI DE FER" S'ÉTEIGNIT À FONTAINEBLEAU LE 29 NOVEMBRE 1314, EN DONNANT SES DERNIERS CONSEILS À SON FILS AÎNÉ, LOUIS.
PESEZ, LOUIS, PESEZ CE QU'EST D'ÊTRE ROI DE FRANCE !
UN AUTRE DRAME AVAIT ASSOMBRI LA FIN DE SON RÈGNE. LES ÉPOUSES INFIDÈLES DE SES TROIS FILS AVAIENT ÉTÉ MÊLÉES À UN SCANDALE...
..." ET LE ROI AVAIT ORDONNÉ L'EMPRISONNEMENT DE SES BELLES-FILLES, MARGUERITE DE BOURGOGNE, FEMME DE LOUIS, ET BLANCHE DE BOURGOGNE, FEMME DE CHARLES."
JEANNE, FEMME DE PHILIPPE, COMTE DE POITIERS, PUT SE JUSTIFIER. QUANT AUX AMANTS DE SES BELLES-SŒURS, LES FRÈRES D'AULNOY, ILS FURENT SUPPLICIÉS ET DÉCAPITÉS.

MARGUERITE FUT TROUVÉE MORTE DANS SON CACHOT IL Y A PEU DE MOIS! ELLE N'A LAISSÉ QU'UNE FILLE AU ROI LOUIS.

PHILIPPE LE BEL RÉGNA TRENTE ANS SUR LES FRANÇAIS. IL RATTACHA AU ROYAUME LA FLANDRE, TOURNAI, LA MARCHE, L'ANGOUMOIS, LA NAVARRE, LA VILLE DE LYON.

POUR LA FRANCE, IL A FAIT BEAUCOUP. MAIS L'HISTOIRE NE RETIENDRA SANS DOUTE QUE SES MÉTHODES VIOLENTES, ET L'AFFAIRE D'ANAGNI, OU CELLE DES TEMPLIERS...

QUE FERONT SES DESCENDANTS? J'AI LE PRESSENTIMENT QUE LA SUCCESSION SERA DIFFICILE! ET QUE VOUS AUREZ, VOUS, LES JEUNES LÉGISTES, BEAUCOUP A FAIRE!

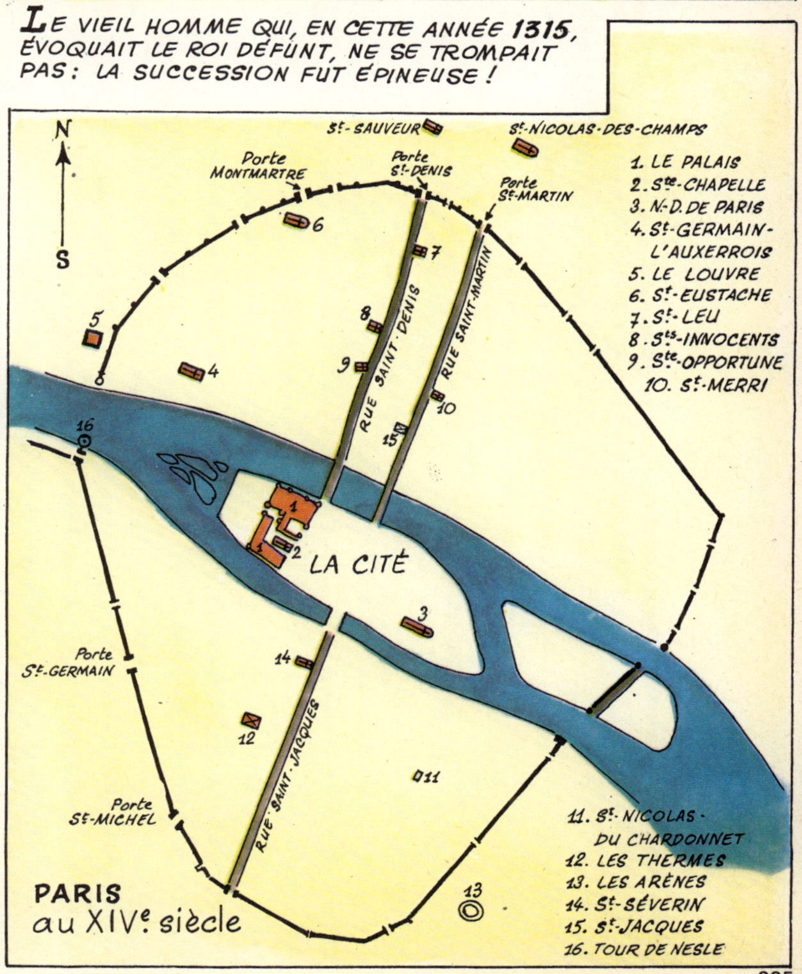
LE VIEIL HOMME QUI, EN CETTE ANNÉE 1315, ÉVOQUAIT LE ROI DÉFUNT, NE SE TROMPAIT PAS: LA SUCCESSION FUT ÉPINEUSE!
N
S
St-SAUVEUR
St-NICOLAS-DES-CHAMPS
Porte MONTMARTRE
Porte St-DENIS
Porte St-MARTIN
1. LE PALAIS
2. Ste-CHAPELLE
3. N.-D. DE PARIS
4. St-GERMAIN-L'AUXERROIS
5. LE LOUVRE
6. St-EUSTACHE
7. St-LEU
8. Sts-INNOCENTS
9. Ste-OPPORTUNE
10. St-MERRI
RUE SAINT-DENIS
RUE SAINT-MARTIN
LA CITÉ
Porte St-GERMAIN
Porte St-MICHEL
RUE SAINT-JACQUES
11. St-NICOLAS-DU CHARDONNET
12. LES THERMES
13. LES ARÈNES
14. St-SÉVERIN
15. St-JACQUES
16. TOUR DE NESLE
PARIS au XIVe siècle

LOUIS X LE HUTIN, FILS AÎNÉ DE PHILIPPE LE BEL, MOURUT EN 1316 SANS HÉRITIER MÂLE...
...SON FRÈRE, PHILIPPE V LE LONG, FUT SACRÉ ROI, MAIS MOURUT EN NE LAISSANT QUE DES FILLES...
... LE CADET, CHARLES IV LE BEL, S'ÉTEIGNIT SANS PLUS D'HÉRITIER MÂLE, EN 1328.
LA COURONNE CAPÉTIENNE QUI, DEPUIS 341 ANS AVAIT ÉTÉ 13 FOIS TRANSMISE DE PÈRE EN FILS, ALLAIT-ELLE REVENIR À UNE FEMME?
NON. LES ASSEMBLÉES DES GRANDS ET DES REPRÉSENTANTS DU PEUPLE AVAIENT TRANCHÉ LA QUESTION DÈS 1317, EN DÉCIDANT QUE LE TRÔNE NE POUVAIT, COMME UN FIEF, **TOMBER DE LANCE EN QUENOUILLE***!
* Passer d'un homme à une femme.
CE FUT PHILIPPE DE VALOIS, DE LA SECONDE BRANCHE CAPÉTIENNE, QUI SUCCÉDA À CHARLES IV, EN 1328...
...MAIS DÉJÀ S'AMONCELAIT LE SOMBRE NUAGE DE LA GUERRE DE CENT ANS...

LES MALHEURS DE LA GUERRE
SOUS LE RÈGNE D'UN SAGE,
Bertrand du Guesclin

Dessin de Raphaël, texte de Pierre Castex
Dessin de Julio Ribera, texte de Christian Godard

HISTOIRE DE FRANCE

BANDES DESSINÉES LAROUSSE

FACE AUX LÉOPARDS D'ANGLETERRE

Une lutte sans merci opposa, au XIVe siècle, les royaumes de France et d'Angleterre. L'enjeu : la couronne de France. Le prétexte : les liens du sang.
Il faut remonter à Philippe le Bel : Philippe VI de Valois en est le neveu, Edouard III Plantagenêt, le petit-fils.
De l'un à l'autre souverain, un lien féodal : Edouard, duc de Guyenne, est le vassal de Philippe. Depuis Aliénor d'Aquitaine, la France a dans son flanc une écharde, ce Duché, par où l'Anglais a pris pied dans le Royaume. Au gré des événements, le roi de France, usant de son droit de suzeraineté, le confisque ou le rend.
C'est ainsi qu'en 1337 Edouard III se trouve privé de la Guyenne. Fort de l'appui des Flamands, vassaux de France, le Plantagenêt se déclare roi de France (1340). Les hostilités sont ouvertes.
L'Ecluse, Crécy, Calais, Poitiers... Nullement préparée à la guerre, et gouvernée par des souverains soucieux de régler les choses en diplomates plutôt qu'en hommes d'armes, la France des premiers Valois va de défaite en défaite. Son armée sans cohésion fléchit sous les traits des archers anglais. Près de cinq fois plus peuplé que l'Angleterre, le royaume de France sort régulièrement vaincu. A l'issue de la bataille de Poitiers (1355), son roi, Jean le Bon, est même fait prisonnier et emmené à Londres.
On croit reprendre haleine avec le traité de Brétigny (1360) : Jean le Bon est libéré, mais un tiers du Royaume passe sous la dépendance anglaise. Si Edouard III renonce à la couronne de France, Jean abandonne la suzeraineté sur la Guyenne. Mais l'échange des renonciations ne sera jamais écrit en bonne et due forme. Jean mort, tout reste pendant.
Quand les hostilités reprennent, en 1369, son successeur Charles V adopte une tactique défensive efficace : le vide devant l'ennemi, car "mieux vaut pays pillé que terre perdue". Les méthodes offensives ont changé : quelques compagnies sont lancées sur un objectif précis, ville ou château. Peu à peu, avec l'aide de Du Guesclin, "le Sage" effectue la reconquête méthodique du Royaume. En 1370, l'Aquitaine est presque totalement recouvrée.
Pourtant la France vient de traverser une crise politique grave. Encore régent, Charles a dû faire face à la bourgeoisie parisienne, soulevée par le prévôt des marchands, Etienne Marcel. Tandis que Paris s'apprête à céder aux tensions sociales, l'Ile-de-France est embrasée par la Jacquerie, émeute des paysans éprouvés par la peste noire, excédés par la guerre et par le pillage des "grandes compagnies". La fermeté du Roi devant les menées du Prévôt regroupe les Parisiens autour de leur souverain.
A la mort du Sage, qui ne cessait de répéter en guise de maxime : "Vivre mesurément en toutes choses", l'administration et les finances sont assainies, l'armée et la flotte, réorganisées. Quant à l'ennemi héréditaire, il se trouve confiné aux places de Calais, Bordeaux et Bayonne.

LES MALHEURS DE LA GUERRE

AMI RENAUD, JE TE FAIS CHEVALIER !
RENAUD DE MAUPERTUIS, FILS D'UN NOBLIAU DU PARISIS, VA DONC QUITTER LE PETIT MANOIR FAMILIAL POUR LES PALAIS ROYAUX. FIN POLITIQUE, SON ONCLE L'ABBÉ NE LUI MÉNAGE PAS LES CONSEILS...
POUR VOUS POUSSER DANS LE MONDE, VOUS DEVREZ OBSERVER QUELQUES RÈGLES ÉLÉMENTAIRES...
JEAN, NOTRE JEUNE DUC DE NORMANDIE, LE FUTUR ROI, SEMBLE AVOIR DE L'AMITIÉ POUR VOUS... QUEL EST-IL ? JE L'IGNORE ! JE CONNAIS MIEUX SON PÈRE LE ROI.
"PHILIPPE EST RAIDE, TÊTU, IRRÉSOLU, INFLUENÇABLE, ET DE PLUS, SOUPÇONNEUX. IL SUCCÉDA AU DERNIER CAPÉTIEN, CHARLES IV LE BEL."
MAIS ÉDOUARD III D'ANGLETERRE EST LE NEVEU DU ROI DÉFUNT. ISABELLE, SA MÈRE, ÉTAIT LA SŒUR DE CHARLES IV LE BEL. GARE À LUI ! IL EST VRAI QU'IL A PRÊTÉ L'HOMMAGE LIGE* À PHILIPPE POUR LE DOMAINE QU'IL A EN FRANCE, LA GUYENNE.
* Serment de fidélité envers le seigneur.

QUANT À LA REINE JEANNE II DE NAVARRE,* DÉFIEZ-VOUS D'ELLE. ON LA DIT MÉCHANTE.
MAIS MONSEIGNEUR LE DUC DE NORMANDIT SE DIT MON AMI !
IL EST DUC ; IL SERA ROI. NE L'OUBLIEZ JAMAIS.
* Nièce de Charles IV le Bel. Son fils Charles sera prétendant à la Couronne.
MAÎTRE D'UN ROYAUME RICHE ET PEUPLÉ DE PRÈS DE VINGT MILLIONS DE SUJETS, PHILIPPE AIME LES FÊTES. UN FORMIDABLE FESTIN FAIT SUITE À LA CÉRÉMONIE DE L'ADOUBEMENT...
AUX CUISINES, TAILLEVENT A FAIT DES PRODIGES !
.. LE MAÎTRE QUEUX DU ROI M'A DIT SON MENU : VINAIGRETTE CRETONNÉE DE LARD, BROUET DE CANNELLE, VENAISON À CLOUS, PAONS, CYGNES, HÉRONS RÔTIS...
TOUT CECI EST BEL ET BON, MON FILS, MAIS TANDIS QU'ICI L'ON FESTOIE, EN ANGLETERRE ÉDOUARD RÉORGANISE SON ARMÉE ET INTRIGUE AVEC LES FLAMANDS, SUJETS DU ROI DE FRANCE...

"HUIT ANS APRÈS CASSEL, C'EST LE PLANTAGENÊT QUI PROVOQUE LE SOULÈVEMENT DES FLAMANDS. EN 1336, IL INTERDIT À SES LAINIERS D'EXPORTER LEUR DRAP VERS LA FLANDRE, QUI EN FAIT GRAND COMMERCE. PHILIPPE RIPOSTE EN CONFISQUANT LA GUYENNE."
... CES FLAMANDS RÉVOLTÉS QUI NOUS ONT SURPRIS, À CASSEL, EN 1328. J'AI FAILLI PÉRIR CE JOUR-LÀ DE LA MAIN DE CES DRAPIERS. MAIS NOUS AVONS VAINCU, ET PHILIPPE SE CROIT INVINCIBLE.
LES BIENS DES FRANÇAIS EN ANGLETERRE SONT SAISIS. C'EST LA GUERRE !
LE ROI M'A MANDÉ DE L'ALLER TROUVER...
ÉDOUARD A DÉBARQUÉ EN FLANDRE ET MARCHE VERS GAND. ALLEZ-Y, MAUPERTUIS. OBSERVEZ. VOTRE FILS, RENAUD, VOUS ACCOMPAGNERA ; IL APPRENDRA AINSI À SERVIR LE ROYAUME.
À GAND, UN BOURGEOIS, JACQUES VAN ARTEVELDE, AVAIT CHASSÉ LE COMTE DE FLANDRE, AMI DU ROI PHILIPPE, ET PRIT LE POUVOIR.
N'OUBLIEZ PAS, RENAUD : NOUS SOMMES DES MARCHANDS...

LA VILLE EST EN LIESSE: LA FLANDRE ENTIÈRE S'EST RALLIÉE À ARTEVELDE. ÉDOUARD VA Y TENIR PARLEMENT.
DÉMASQUÉS, NOUS PERDRIONS LA VIE DANS L'AVENTURE...
LES FLAMANDS RENDENT HOMMAGE À LEUR NOUVEAU SUZERAIN, ÉDOUARD III D'ANGLETERRE...
PHILIPPE NE DOIT SON TRÔNE QU'À DES BARONS ASSOIFFÉS D'AMBITION. DORÉNAVANT, LE ROI DE FRANCE, C'EST MOI !
EH ! LE TRÔNE DE PHILIPPE CHANCELLE !
VIVE ÉDOUARD DE FRANCE !
ENTRE LA GUYENNE ANGLAISE ET LA FLANDRE RÉVOLTÉE, LA FRANCE EST PRISE COMME ENTRE ENCLUME ET MARTEAU.
ÉDOUARD N'A PAS LES MOYENS DE SOUTENIR UNE LONGUE GUERRE. C'EST NOTRE CHANCE.
ÉDOUARD ÉTANT RETOURNÉ EN ANGLETERRE, PHILIPPE ENVOIE SA FLOTTE POUR LUI INTERDIRE DE REPRENDRE PIED EN FLANDRE.

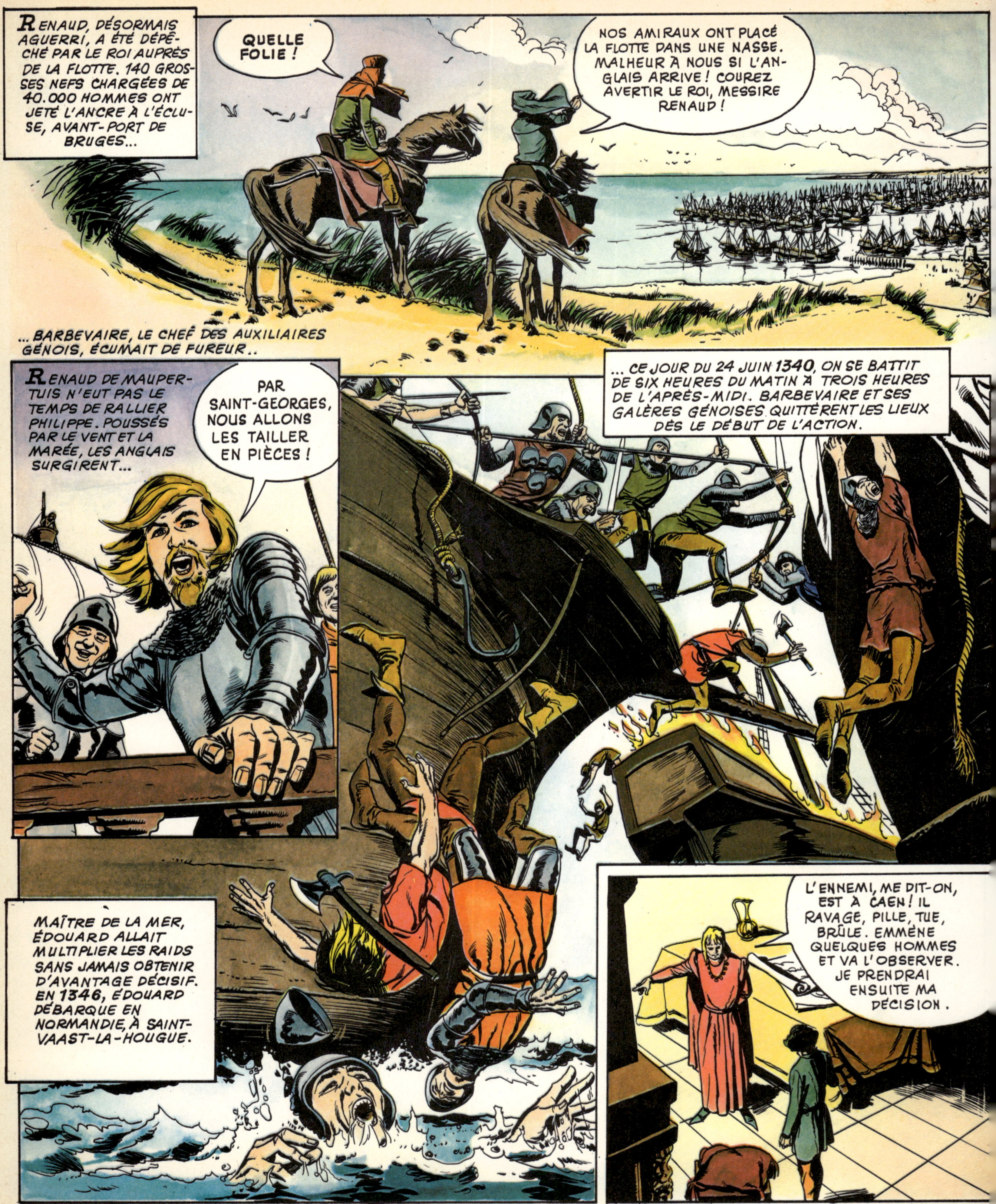
RENAUD, DÉSORMAIS AGUERRI, A ÉTÉ DÉPÊCHÉ PAR LE ROI AUPRÈS DE LA FLOTTE. 140 GROSSES NEFS CHARGÉES DE 40.000 HOMMES ONT JETÉ L'ANCRE À L'ÉCLUSE, AVANT-PORT DE BRUGES...
QUELLE FOLIE !
NOS AMIRAUX ONT PLACÉ LA FLOTTE DANS UNE NASSE. MALHEUR À NOUS SI L'ANGLAIS ARRIVE ! COUREZ AVERTIR LE ROI, MESSIRE RENAUD !
... BARBEVAIRE, LE CHEF DES AUXILIAIRES GÉNOIS, ÉCUMAIT DE FUREUR...
RENAUD DE MAUPERTUIS N'EUT PAS LE TEMPS DE RALLIER PHILIPPE. POUSSÉS PAR LE VENT ET LA MARÉE, LES ANGLAIS SURGIRENT...
PAR SAINT-GEORGES, NOUS ALLONS LES TAILLER EN PIÈCES !
... CE JOUR DU 24 JUIN 1340, ON SE BATTIT DE SIX HEURES DU MATIN À TROIS HEURES DE L'APRÈS-MIDI. BARBEVAIRE ET SES GALÈRES GÉNOISES QUITTÈRENT LES LIEUX DÈS LE DÉBUT DE L'ACTION.
MAÎTRE DE LA MER, ÉDOUARD ALLAIT MULTIPLIER LES RAIDS SANS JAMAIS OBTENIR D'AVANTAGE DÉCISIF. EN 1346, ÉDOUARD DÉBARQUE EN NORMANDIE, À SAINT-VAAST-LA-HOUGUE.
L'ENNEMI, ME DIT-ON, EST À CAEN ! IL RAVAGE, PILLE, TUE, BRÛLE. EMMÈNE QUELQUES HOMMES ET VA L'OBSERVER. JE PRENDRAI ENSUITE MA DÉCISION.

De Caen, Édouard III et son armée remontent vers la Seine, incendiant les villages autour de Paris, Nanterre, Rueil, et même le port de Neuilly.
Qu'attend notre roi pour tomber sur les Anglais ? Ces gueux brûlent ma maison !
Philippe est vaillant et prudent. Édouard lui ressemble. Au reste, ils sont cousins !
Après tout, cette façon de faire la guerre sans la faire vraiment est peut-être la meilleure...
Son raid mené à bien, Édouard passe la Seine pour gagner la Flandre et reprendre la mer.
Mais, fort de sa supériorité numérique, Philippe a pris sa décision.
Je veux anéantir Édouard et son armée !
L'Anglais est fatigué, certes, mais ses archers gallois et ses soudards flamands sont redoutables...
Douterais-tu de la valeur de la chevalerie française !

LE 26 AOÛT 1346, ÉDOUARD, RÉDUIT À ACCEPTER LE COMBAT, SE RETRANCHE PRÈS DE LA FORÊT DE CRÉCY-EN-PONTHIEU.
SIRE, NOS ARBALÉTRIERS GÉNOIS SONT HARASSÉS PAR LA POURSUITE. L'ORAGE VIENT DE DÉTREMPER LE SOL, ET NOS CHEVALIERS NE SONT PAS TOUS LÀ...
ALORS ATTENDONS...
PHILIPPE N'EST PAS ÉCOUTÉ ! LES CHEVALIERS PARTENT D'EUX-MÊMES DANS LE DÉSORDRE.
TOUT AVEUGLE QUE JE SUIS, J'IRAI AU COMBAT SUR LE CHAMP. MES GENS M'Y CONDUIRONT: JE TAILLERAI ET COUPERAI AUSSI BIEN QU'UN AUTRE !
LA HAINE QU'IL PORTE À ÉDOUARD ET L'ENTHOUSIASME DE SON ENTOURAGE DÉCIDENT PHILIPPE.
ATTAQUONS SANS PLUS ATTENDRE !
RECRUS DE FATIGUE ET TREMPÉS COMME DES BARBETS, LES GÉNOIS S'AVANCENT, ACCUEILLIS PAR LES TRAITS DES GALLOIS ET LES BOULETS DE TROIS BOMBARDES.

TERRASSÉS PAR CE DÉLUGE DE FER ET DE FLÈCHES, LES GÉNOIS VEULENT BATTRE EN RETRAITE, MAIS DÉJÀ, LA CHEVALERIE FRANÇAISE CHARGE, FURIEUSE DE VOIR LA PIÉTAILLE* REFLUER. EN UN CLIN D'ŒIL, C'EST UNE EFFROYABLE CONFUSION...
* Infanterie.
DÉGAGEZ CETTE RIBAUDAILLE ! ELLE NOUS EMPÊCHE DE PASSER !

QUAND LES CHEVALIERS FRANÇAIS VIENNENT AU CONTACT DES ANGLAIS, CEUX-CI TIENNENT BON. JEAN DE BOHÊME, LE ROI AVEUGLE, FAIT DE VAINS EXPLOITS.

MALGRÉ LEUR VAILLANCE, LES FRANÇAIS PÉRISSENT PAR MILLIERS. QUELQUES BARONS DOIVENT ARRACHER PHILIPPE, BLESSÉ, AU CHAMP DE BATAILLE.
LA NUIT TOMBE, SIRE. IL FAUT EN PROFITER POUR SE RETIRER...
ACCABLÉ, PHILIPPE SE LAISSE CONDUIRE VERS UN CHÂTEAU VOISIN...
QUI FRAPPE, À CETTE HEURE ?
OUVREZ, CHÂTELAIN ! C'EST L'INFORTUNÉ ROI DE FRANCE.
MAIS L'ENNEMI N'EXPLOITE PAS SA VICTOIRE...
LES RECONNAISSANCES ANNONCENT QUE L'ANGLAIS FAIT RETRAITE VERS LE NORD.
EDOUARD III AVAIT DÉJÀ MIS LE SIÈGE DEVANT CALAIS, D'OÙ IL VOULAIT S'EMBARQUER POUR SON ÎLE.
INTRODUIS-TOI DANS CALAIS ET ENGAGE LES HABITANTS À RÉSISTER JUSQU'À MON ARRIVÉE !
UNE NUIT, RENAUD PARVIENT À FRANCHIR LES LIGNES DE FORTIFICATIONS CONSTRUITES PAR LES ANGLAIS AUTOUR DE LA VILLE.
ÉDOUARD A ENFERMÉ CALAIS DANS UN CARCAN QUE PHILIPPE NE POURRA FAIRE SAUTER...

APRÈS UNE LONGUE RÉSISTANCE, CALAIS SE RÉSIGNE À CAPITULER. PHILIPPE N'A PU SECOURIR LA VILLE. ELLE EST AFFAMÉE !
L'ANGLAIS A DÉCIDÉ DE TUER OU DE RANÇONNER LES HABITANTS DE CETTE VILLE !
MONSIEUR LE GOUVERNEUR, MOI, EUSTACHE DE SAINT-PIERRE, J'OFFRE MA VIE À ÉDOUARD III POUR QU'IL ÉPARGNE MES CONCITOYENS !
MOI AUSSI !
MOI AUSSI !
EN CHEMISE, ET LA CORDE AU COU, EUSTACHE DE SAINT-PIERRE ET SES COMPAGNONS S'EN VONT REMETTRE LES CLÉS DE LA VILLE AU ROI ÉDOUARD.
JE VOUS SUPPLIE D'ÉPARGNER CES BRAVES GENS !
SOIT ! MAIS C'EST SEULEMENT POUR L'AMOUR DE VOUS, MADAME LA REINE.
ÉDOUARD EXPULSA TOUS LES HABITANTS DE LA VILLE. RENAUD QUITTA CALAIS, MÊLÉ À CES MILLIERS DE PAUVRES HÈRES...
POUR PHILIPPE TOUT ALLAIT DE MAL EN PIS. LE TRÉSOR ÉTAIT VIDE ET LES COMMUNES RECHIGNAIENT À VERSER DES SUBSIDES. L'ANGLAIS TENAIT CALAIS, AVAIT REPRIS LA GUYENNE, OCCUPAIT LA BRETAGNE ET INTRIGUAIT EN NORMANDIE.

TRÈS PUISSANT SIRE, VOUS AVEZ TOUJOURS PERDU VOS GUERRES ET VOUS ÊTES DÉPLACÉ PARTOUT À GRANDS FRAIS POUR ÊTRE TOUJOURS HONTEUSEMENT RAMENÉ !
SUR L'INTERVENTION DU PAPE, UNE TRÊVE FUT CONCLUE ALORS QU'UNE AFFREUSE CALAMITÉ S'ABATTAIT SUR L'OCCIDENT: LA PESTE NOIRE ! L'ÉPIDÉMIE AVAIT FAIT SON APPARITION EN 1347...
... DANS UNE COLONIE GÉNOISE INSTALLÉE EN MER NOIRE. DES MONGOLS FRAPPÉS PAR LA MALADIE L'ASSIÉGEAIENT, PROJETANT CONTRE ELLE À COUP DE PIERRIERS* LES CADAVRES DE LEURS PESTIFÉRÉS.
QU'ILS CRÈVENT, EUX-AUSSI !
* Machines de guerre lançant des pierres.
LES NAVIRES MARCHANDS DES GÉNOIS RAPPORTÈRENT LA MALADIE EN OCCIDENT. DES LOUPS ENVAHISSAIENT LES VILLES.
PRÈS D'UN TIERS DE LA POPULATION ANGLAISE ET FRANÇAISE PÉRIT. LA COUR DE FRANCE FUT DÉCIMÉE. PHILIPPE VI MOURUT LE 22 AOÛT 1350. JEAN II LUI SUCCÉDA.
UNE LOURDE TÂCHE, RENAUD ...

LES FINANCES SONT RUINÉES. L'ANGLAIS RAVAGE LE ROYAUME ET MON GENDRE, CE GALEUX DE CHARLES DE NAVARRE, CONVOITE MON TRÔNE.
IL FAUT M'AIDER, RENAUD. ET AIDER CHARLES, MON FILS, COMME NAGUÈRE TON PÈRE LE FIT POUR TOI ET MOI !
PAUVRE ENFANT, SI CHÉTIF ! MAIS ON LE DIT SAGE ET RÉFLÉCHI... LE CONTRAIRE DE SON PÈRE ET DE SON GRAND'PÈRE.
ÉDOUARD III AVAIT REPRIS LES HOSTILITÉS. SON FILS, ÉDOUARD DIT DE WOODSTOCK*, RAVAGEAIT LE LANGUEDOC.
* Surnommé plus tard "le Prince Noir."
C'EN EST TROP ! NOUS L'ALLONS CHÂTIER ET DÉTRUIRE !
EN 1356, LE PRINCE ÉDOUARD, PARTANT DE BORDEAUX À LA TÊTE D'UNE ARMÉE DE 8.000 HOMMES, ANGLAIS ET GASCONS, SE HASARDE VERS TOURS, PILLANT LE PAYS. C'EST UNE PROVOCATION.

LE 18 SEPTEMBRE DE LA MÊME ANNÉE, JEAN II TROUVE L'ARMÉE ANGLAISE, COMMANDÉE PAR LE PRINCE ET SIR JOHN CHANDOS, RETRANCHÉE SUR UNE COLLINE, À MAUPERTUIS, PRÈS DE POITIERS.
L'ANGLAIS NE PEUT NOUS ÉCHAPPER !
GARE, MONSEIGNEUR !
"LES HOMMES DU PRINCE SONT SOLIDEMENT INSTALLÉS. LE COURAGE EST DANS LES DEUX CAMPS."
TANDIS QUE LES PARLOTES DIPLOMATIQUES TRAÎNAIENT EN LONGUEUR LES ANGLAIS AVAIENT FORTIFIÉ LEURS POSITIONS.
LE 19, LA CHEVALERIE FRANÇAISE ATTAQUE... LES TRAITS TOMBENT COMME GRÊLE.
MONTJOIE ET SAINT-DENIS !
LE ROI FAIT PARTIR À PIED LES CORPS DE BATAILLE. UNE RUDE ÉPREUVE POUR LES CHEVALIERS LOURDEMENT HARNACHÉS. LA CONTRE-ATTAQUE TOURNANTE DU CAPTAL DE BUCH ACHÈVE DE SEMER LA CONFUSION DANS LES RANGS.

LES FRANÇAIS SE DÉBANDENT. JEAN, EXEMPLE DE COURAGE, REFUSANT D'ABANDONNER LE CHAMP DE BATAILLE, SAUVE DU MOINS L'HONNEUR...
HARCELÉ, LE ROI DUT BIENTÔT SE RENDRE À UN CHEVALIER. IL FUT CONDUIT À LONDRES, OÙ IL FIT UNE ENTRÉE DE SOUVERAIN.
PÈRE, GARDEZ-VOUS À DROITE ! PÈRE, GARDEZ-VOUS À GAUCHE !
LE DAUPHIN CHARLES AVAIT REGAGNÉ PARIS EN HÂTE. SON PÈRE PRISONNIER, IL DEVENAIT LIEUTENANT DU ROI.
LES VILAINS PRÉTENDENT QUE J'AI FUI À POITIERS...
CHACUN SAIT QUE VOUS AVEZ QUITTÉ LE CHAMP DE BATAILLE SUR L'ORDRE DU ROI.
QUEL DÉSASTRE ! LES BOURGEOIS REMUENT. LE PEUPLE GRONDE ! LES CAISSES SONT VIDES !
PARIS M'INQUIÈTE. ÉTIENNE MARCEL, PRÉVÔT DES MARCHANDS, DISCUTE MES DÉCISIONS. ON RÉCLAME DES RÉFORMES. OÙ ALLONS-NOUS ? JE CONVOQUERAI LES ÉTATS GÉNÉRAUX...

L'ASSEMBLÉE SE MONTRE HOSTILE AU DAUPHIN. ROBERT LE COQ, ÉVÊQUE DE LAON, ÉTIENNE MARCEL, PRÉVÔT DES MARCHANDS, SONT PARMI LES PLUS DURS.
NOUS VOULONS UNE MONNAIE SAINE. NOUS RÉCLAMONS LA PRISON POUR LES MAUVAIS CONSEILLERS DU ROI !
C'EST LA RÉVOLUTION !
PRÉVÔT DES MARCHANDS ET REPRÉSENTANT DE PARIS, JE M'ASSOCIE AUX PLAINTES ET DIRES DE L'ÉVÊQUE ROBERT LE COQ !
CHARLES ÉLUDE, GAGNE DU TEMPS. MAIS, UN PEU PLUS TARD, ÉTIENNE MARCEL EXIGE DU DAUPHIN L'EXÉCUTION DE SES PROMESSES.
QUE SIGNIFIE CETTE INTRUSION ?
NOUS EXIGEONS LES RÉFORMES !
PARIS RÉCLAME LA MORT DES MARÉCHAUX DE CHAMPAGNE ET DE NORMANDIE, JEAN DE CONFLANS ET ROBERT DE CLERMONT ! CE SONT DE MAUVAIS CONSEILLERS !
FAITES VITE CE POUR QUOI VOUS ÊTES VENUS ! JUSTICE !

VOICI MON CHAPERON ROUGE ET BLEU, AUX COULEURS DE NOTRE VILLE DE PARIS. PORTEZ-LE, À L'AVENIR, EN GAGE D'AMITIÉ POUR SES BOURGEOIS...
DANS LES RUES DE LA CITÉ, DES FORCENÉS POURCHASSENT LES FAMILIERS DU PALAIS.
C'EST UN FAVORI DU ROI JEAN !
À MORT !
CHARLES RÉDUIT À MERCI, ÉTIENNE MARCEL S'EST RENDU À L'HÔTEL DE GRÈVE POUR HARANGUER LA POPULATION.
NOUS AVONS FAIT JUSTICE POUR LE BIEN DU ROYAUME !
LE 14 MARS 1358, CHARLES SE PROCLAME RÉGENT DU ROYAUME.
MON BEAU-FRÈRE DE NAVARRE A RECONNU MON AUTORITÉ. JE VAIS QUITTER CETTE VILLE DONT JE SUIS QUASIMENT LE PRISONNIER. JE N'Y REVIENDRAI QU'EN MAÎTRE !
QUITTEZ PARIS, VOUS AUSSI, RENAUD. MAIS TENEZ-VOUS À PROXIMITÉ : VOUS SEREZ MES YEUX...
BIEN, MONSEIGNEUR. J'OBSERVERAI CE QUI SE TRAME ET VOUS REJOINDRAI DÈS QU'IL VOUS PLAIRA.
RENAUD SE MIT DONC EN ROUTE VERS LE PETIT MANOIR FAMILIAL, PRÈS DE PONTOISE, QU'IL N'AVAIT PAS VISITÉ DEPUIS LONGTEMPS. LA MISÈRE RÉGNAIT DANS LA CAMPAGNE.

TOUT EN S'OCCUPANT DE SON BIEN, LAISSÉ À L'ABANDON DEPUIS DES ANNÉES, RENAUD S'INFORMAIT DES AFFAIRES PUBLIQUES.
SIRE, LE RÉGENT VOUS SALUE. SA SITUATION S'AMÉLIORE.
IL TIENT LES VILLES SUR LA SEINE ET BLOQUERA LE RAVITAILLEMENT DE PARIS QUAND IL FAUDRA. IL RASSEMBLE UNE ARMÉE.
BONNES NOUVELLES. LES MIENNES NE SONT PAS MAUVAISES NON PLUS...
À PARIS, J'AI FAIT PLUSIEURS VISITES À UN SIEUR MAILLART DE MES AMIS, DRAPIER DE SON ÉTAT. LE PRÉVÔT MARCEL PERD DE SA POPULARITÉ.
EN 1358, À LA FIN DU PRINTEMPS, DES PAYSANS DU BEAUVAISIS MASSACRÈRENT DES CHEVALIERS QUI PROCÉDAIENT À DES RÉQUISITIONS...
L'EXASPÉRATION DES CAMPAGNARDS CONTRE LES NOBLES QUI LES PRESSURAIENT ÉTAIT TELLE QUE LA RIXE SE CHANGEA EN RÉVOLTE. DES CHÂTEAUX FURENT INCENDIÉS.

DU BEAUVAISIS, LA JACQUERIE EMBRASA BIENTÔT LE SOISSONNAIS, LE VALOIS ET LA BRIE. LES PAYSANS EN RÉVOLTE, LES JACQUES, SE TOURNAIENT PARFOIS VERS LES SEIGNEURS.
SIRE RENAUD, SOYEZ NOTRE CHEF !
NOUS DEMANDONS JUSTICE ! AIDEZ-NOUS !
RENTREZ PLUTÔT CHEZ VOUS, SINON LE RÉGENT ET LES NOBLES VOUS MASSACRERONT !
IL REFUSE ! IL EST AVEC LES AUTRES !
À MORT !
RENAUD PARVINT À S'ENFUIR ET À GAGNER PARIS. IL SE RÉFUGIA CHEZ SON AMI MAILLART.
LE PRÉVÔT MARCEL VEUT UTILISER LA JACQUERIE CONTRE LE ROI, MAIS LES BOURGEOIS Y RÉPUGNENT... MARCEL DEVIENT IMPOPULAIRE. ON DIT QU'IL S'ALLIE À L'ANGLAIS.
DANS LE MÊME TEMPS, LES JACQUES ÉTAIENT ANÉANTIS À MEAUX ET À CLERMONT PAR LE RÉGENT CHARLES ET PAR LE NAVARRAIS, DEVENU SON ALLIÉ.

DE PLUS EN PLUS ISOLÉ, ÉTIENNE MARCEL SE TOURNA VERS CHARLES DE NAVARRE QUI, À SAINT-DENIS, ATTENDAIT SON HEURE.
JE VOUS OUVRIRAI LES PORTES DE LA CAPITALE.
C'EN EST TROP ! JE SUIS CHARGÉ DE LA SÉCURITÉ DU SECTEUR NORD DE PARIS. AVEC MES AMIS, JE SUIS PRÊT À ABATTRE LE PRÉVÔT !
MONSEIGNEUR CHARLES SAURA OUBLIER QUE VOUS AVEZ SOUTENU MARCEL PAR LE PASSÉ !
LE 31 JUILLET 1358, ÉTIENNE MARCEL SE PRÉSENTA AU PETIT JOUR À LA PORTE SAINT-DENIS. IL EN DEMANDA LES CLEFS AU POSTE DE GARDE.
NENNI ! JE N'AI POINT À OBÉIR !
C'EST UN ORDRE !
IMMÉDIATEMENT PRÉVENU, JEAN MAILLART SE PRÉCIPITA.
VOUS VOUDRIEZ OUVRIR CETTE PORTE À VOTRE AMI LE NAVARRAIS !
VOUS MENTEZ !
COMMENCÉE PORTE SAINT-DENIS, LA QUERELLE S'ACHEVA PORTE SAINT-ANTOINE. AU MILIEU DE LA FOULE, MAILLART BRANDISSAIT LA BANNIÈRE DE FRANCE.
MONTJOIE AU ROI ET AU DUC !
À LA MORT ! TRAÎTRES !

CHARLES RENTRA DANS PARIS LE 2 AOÛT AUX ACCLAMATIONS DE LA POPULATION.
MONTJOIE SAINT DENIS AU DUC DE NORMANDIE NOTRE DROIT SEIGNEUR !
LAS DE SA CAPTIVITÉ, JEAN LE BON AVAIT SIGNÉ UN TRAITÉ QUI CÉDAIT AUX ANGLAIS LA MOITIÉ DU TERRITOIRE. LES ÉTATS GÉNÉRAUX LE REFUSÈRENT ! ÉDOUARD III DÉBARQUA UNE FOIS ENCORE SUR LE CONTINENT...
JE NE LIVRERAI PAS BATAILLE. QUE LES PAYSANS SE RÉFUGIENT DANS LES VILLES, AVEC RÉCOLTES ET TROUPEAUX. QU'ON FASSE LE VIDE DEVANT L'ANGLAIS.
PARFOIS, LES PAYSANS NE QUITTAIENT POINT LEURS VILLAGES, MAIS SE MESURAIENT À L'ENVAHISSEUR. TEL LE GRAND FERRÉ, DES ENVIRONS DE COMPIÈGNE, QUI FUT VAINQUEUR.

LA GRANDE CHEVAUCHÉE D'ÉDOUARD III À TRAVERS CHAMPAGNE ET BOURGOGNE SE HEURTA À DES VILLES CLOSES ET HOSTILES...
L'ARMÉE EST TROP LASSE POUR DONNER L'ASSAUT... J'APPRENDS QUE DES FRANÇAIS RAVAGENT LES CÔTES ANGLAISES AUTOUR DE WINCHELSEA. IL FAUT REGAGNER L'ANGLETERRE...
EN AVRIL 1360, COMME ÉDOUARD SE DIRIGEAIT VERS LA BRETAGNE, UN ORAGE FURIEUX S'ABATTIT SUR L'ARMÉE. IL TOMBA DES GRÊLONS D'UNE TELLE GROSSEUR QU'ILS TUAIENT HOMMES ET CHEVAUX.
AU BORD DU DÉSASTRE, ÉDOUARD III DUT CONSENTIR À LA TRÊVE DE BRÉTIGNY, LE 8 MAI 1360. À CHARTRES, ENSUITE, IL SE RÉCONCILIA AVEC CHARLES. IL RENONÇAIT À LA COURONNE DE FRANCE, MAIS GARDAIT L'AQUITAINE, CALAIS ET LE PONTHIEU. CES ACCORDS FURENT CONFIRMÉS À CALAIS LE 24 OCTOBRE.

RENDU À LA LIBERTÉ, JEAN LE BON NE PUT VERSER LA RANÇON FIXÉE À BRÉTIGNY: TROIS MILLIONS D'ÉCUS !
LE PAPE SEUL PEUT ME VENIR EN AIDE. JE LUI DEMANDERAI ASSISTANCE. JE COMMANDERAI UNE CROISADE.
LOUIS, DUC D'ANJOU, OTAGE ENTRE LES MAINS DES ANGLAIS, S'ÉTANT ÉCHAPPÉ, LE ROI DÉCIDA D'ALLER À LONDRES POUR RÉGLER L'AFFAIRE. ANJOU AVAIT FORFAIT...
JE RETOURNE À LONDRES, L'HONNEUR L'EXIGE...
LES ANGLAIS LE RETINRENT PRISONNIER. DANS LA NUIT DU 8 AU 9 AVRIL 1364, IL MOURAIT EN TERRE ÉTRANGÈRE.

Sous le règne d'un sage
Bertrand Du Guesclin
JE SUIS NÉ À LA MOTTE-BROONS ENTRE RENNES ET DINAN, EN 1321. QUELQUES ANNÉES PLUS TARD MON MEILLEUR AMI, UN GARNEMENT DE MON ÂGE, NOIR, SAUVAGE ET MALGRACIEUX, RÉUNISSAIT SOUVENT QUARANTE OU CINQUANTE ENFANTS DES DOMAINES DE SON PÈRE, ET LES DIVISAIT EN DEUX TROUPES QU'IL FAISAIT BATTRE À OUTRANCE.
HARDI. VOUS TOUS!
CHAQUE JOUR IL RENTRAIT AU CHÂTEAU LE VISAGE TUMÉFIÉ, ET LES HABITS EN LAMBEAUX...
IL N'Y A PAS PLUS MÉCHANT GARÇON QUE TOI!
SON NOM DEVAIT DEVENIR CÉLÈBRE PAR TOUT LE ROYAUME DE FRANCE, ET BIEN AU-DELÀ. IL S'APPELAIT BERTRAND DU GUESCLIN.

J'ATTACHAI MA FORTUNE À LA SIENNE ET NE LE REGRETTAI POINT. EN 1364, À L'AVÈNEMENT DE CHARLES V, IL EST BANNERET (*), CONSEILLER DU ROI, CAPITAINE EN DEUX BAILLIAGES ET SEIGNEUR DE DEUX CHÂTEAUX.
LA PROVIDENCE EST BONNE DE NOUS AVOIR DONNÉ UN BRAS TEL QUE LE VÔTRE. RELEVEZ-VOUS, MESSIRE BERTRAND!
(*) Seigneur d'un fief autorisé à lever une bannière.
LE JEUNE ROI ÉTAIT NÉ VIEUX. DE CONSTITUTION FRAGILE, LE TEINT CIREUX, UNE MÉCHANTE FISTULE SUINTANTE AU BRAS GAUCHE, ET LA MAIN DROITE INFIRME...
CHARLES II, ROI DE NAVARRE, AURAIT TENTÉ DE L'EMPOISONNER QUAND IL ÉTAIT ENCORE EN FLEUR DE JEUNESSE...
L'UN DES PREMIERS ACTES DE NOTRE ROI FUT LA SAISIE DES BIENS DE CHARLES II, QUI TENAIT LA NORMANDIE...
BOUCIQUAUT(*) ET VOUS, PARTEZ AVEC CE QUE VOUS AVEZ DE GENS, ET CHEVAUCHEZ VERS LA NORMANDIE. TENEZ-VOUS PRÊTS À REPRENDRE SUR LE ROI DE NAVARRE MANTES ET MEULAN, QUI COMMANDENT LA RIVIÈRE DE SEINE!
(*) Maréchal de France depuis 1356.
INVESTI DU COMMANDEMENT DE L'ARMÉE, DU GUESCLIN S'EMPARA DE MANTES LE 7 AVRIL DE LA MÊME ANNÉE APRÈS AVOIR EMBARRASSÉ LE PONT-LEVIS D'UNE CHARRETTE DE SOLDATS DÉGUISÉS EN VIGNERONS...
SUS AUX NAVARRAIS!
ET MEULAN FUT ENLEVÉE DE PROMPTE MANIÈRE QUATRE JOURS PLUS TARD.
UNE ARMÉE NAVARRAISE, FORTIFIÉE D'ANGLAIS ET DE GASCONS ET COMMANDÉE PAR UN GRAND COUREUR D'AVENTURES, JEAN DE GRAILLY, CAPTAL (*) DE BUCH, S'AVANÇA ALORS ENTRE ÉVREUX ET VERNON. C'ÉTAIT AU MOIS DE MAI, EN 1364.
J'AI PROMIS AU ROI DE NAVARRE DE LUI REPRENDRE SES BONNES VILLES DE MANTES ET DE MEULAN!... ET, PAR DIEU! J'EMPÊCHERAI LE SACRE DU NOUVEAU ROI DE FRANCE!
(*) Synonyme, en Gascogne, de capitaine, de seigneur.

DU GUESCLIN VINT À SA RENCONTRE À LA TÊTE D'UNE TROUPE DE MILLE SIX CENTS HOMMES.
S'IL EST ICI COUARD QUI DOUTE DE SON BRAS, JE LUI DONNE CONGÉ. S'IL EN EST, VIEIL OU JOUVENCEAU, QUI SE METTE À FUIR AU COMBAT, JE LE FERAI ENCROUER(*) PAR LE COL!
(*) Accrocher.
QUE NENNI, NENNI, BERTRAND!
NOUS N'AVONS PAS COEUR DE VEAU!
NOUS COMBATTRONS OU MOURRONS AVEC VOUS SUR LE PRÉ!
LE CAPTAL AVAIT PRIS POSITION SUR UNE HAUTEUR, PRÈS DE COCHEREL AU BORD DE L'EURE, À TROIS LIEUES D'EVREUX, D'OÙ IL DOMINAIT LE CHAMP DE BATAILLE...
IL A PRIS LES MÊMES DISPOSITIONS QUE LE PRINCE DE GALLES À POITIERS...
LE 16 MAI, LA RENCONTRE EUT LIEU. LES CAPITAINES FRANÇAIS AVAIENT DONNÉ LE COMMANDEMENT À DU GUESCLIN POUR LA JOURNÉE, ET LE CRI D'ARMES FUT À SON NOM...
NOTRE-DAME GUESCLIN!

CE BRETON TÊTU AUX MUSCLES DE FER, QUI PAYAIT VOLONTIERS DE SA PERSONNE, ÉTAIT AVARE DE LA VIE DE SES HOMMES AUXQUELS IL FAISAIT DONNER DU VIN AVANT L'ASSAUT, ET EXCELLAIT À LA GUERRE DE SURPRISE.
CE JOUR-LÀ, SA POSITION ÉTAIT TROP DÉSAVANTAGEUSE. IL SIMULA UNE FUITE PRÉCIPITÉE, ET L'ARMÉE NAVARRAISE SUIVIT...
IL AVAIT LAISSÉ EN RÉSERVE DEUX CENTS LANCES BRETONNES À CHEVAL, SOUS LE COUVERT D'UN PETIT BOIS...
ELLES DÉCIDÈRENT DE LA VICTOIRE. L'ARMÉE ENNEMIE FUT PRISE À REVERS, DÉCONFITE, BRISÉE COMME VULGAIRE COQUE DE NOIX...
BERTRAND M'AVAIT CONFIÉ LA CHARGE DE MARCHER DROIT SUR LE CAPTAL DE BUCH AVEC TRENTE HOMMES DÈS QUE L'ENGAGEMENT SERAIT NOUÉ, DE ROMPRE LA MÊLÉE, DE LE PRENDRE, LE TROUSSER ET L'ENTRAÎNER EN SÛRETÉ À L'ÉCART. AINSI FIS-JE EN TOUS POINTS.
RESCOUSSE AU CAPTAL! RESCOUSSE!
RIBERA

AU SOIR, NOUS AVIONS FAIT TANT DE PRISONNIERS QUE NOUS NE PÛMES POURSUIVRE LES FUYARDS...
LA JOURNÉE EST À NOUS !
DEUX MESSAGERS COURURENT SANS REPRENDRE HALEINE PORTER LA NOUVELLE AU ROI DE FRANCE...
...ET LE JOIGNIRENT LE 18, AVANT QU'IL GAGNE REIMS...
GRÂCES SOIENT RENDUES À DIEU POUR LA BONNE VICTOIRE QU'IL M'A DONNÉE...
LE 19 MAI, DIMANCHE DE LA TRINITÉ, CHARLES V REÇUT L'ONCTION ET FUT SACRÉ, AINSI QUE JEANNE DE BOURBON SON ÉPOUSE, PAR JEAN DE CRAON, ARCHEVÊQUE, EN LA CATHÉDRALE DE REIMS...
DÈS LE LENDEMAIN, CHARLES V REPARTAIT POUR PARIS.

LE 27 MAI, PAR DES ACTES EN BONNE ET DUE FORME, BERTRAND RECEVAIT DU ROI LE COMTÉ DE LONGUEVILLE, CONFISQUÉ AU ROI DE NAVARRE...
MON BON BERTRAND, TE VOICI DEVENU MARÉCHAL DE NORMANDIE!
ET LE ROI DONNE LA BOURGOGNE À SON FRÈRE PHILIPPE, LA TOURAINE À LOUIS, SON AUTRE FRÈRE.
J'EUS SOUVENT L'OCCASION DE RENCONTRER LE ROI. IL N'AIMAIT RIEN TANT QUE LA COMPAGNIE DES ARTISTES, DES PHILOSOPHES ET DES ASTROLOGUES, ET S'ÉTAIT CONSTITUÉ UNE LIBRAIRIE PRODIGIEUSE AU LOUVRE, DANS LA TOUR DE LA FAUCONNERIE...(*)
ALORS, MON BON RAOUL(**), QUAND AUREZ-VOUS FINI DE METTRE SAINT AUGUSTIN EN FRANÇAIS?
BIENTÔT, SIRE.
(*) Point de départ de la future Bibliothèque Nationale.
(**) Raoul de Presles : avocat du Roi, et écrivain.
AU MOIS DE MARS 1365...
CETTE FOIS, ÇA Y EST. LA PAIX A ÉTÉ CONCLUE AVEC CHARLES DE NAVARRE. NON SANS MAL. LE FOURBE A ENVOYÉ LA RATIFICATION SANS LA SCELLER DE SON GRAND SCEAU!
LE CAPTAL DE BUCH ENRAGEAIT! LUI, SI IMPATIENT D'ÊTRE LIBRE, A DÛ GARANTIR D'ABORD LA SIGNATURE DE SON MAÎTRE!
L'ESPRIT EN REPOS SUR CE POINT, LE ROI SE TOURNA VERS D'AUTRES PRÉOCCUPATIONS...
MAINTENANT, IL ME FAUT M'OCCUPER DES AFFAIRES DE BRETAGNE!

LE DUCHÉ DE BRETAGNE EST REVENDIQUÉ PAR CHARLES DE BLOIS, QUI PRÉTEND LE TENIR DE SA FEMME, ET JEAN DE MONTFORT, UN CAPÉTIEN CADET...
NI L'UN NI L'AUTRE NE VEUT CONSENTIR À UN PARTAGE! LES ARMES DÉCIDERONT.
C'EST CE QU'IL ADVINT. DU CÔTÉ DE JEAN DE MONTFORT, ON TROUVAIT LES PLUS CÉLÈBRES CAPITAINES ANGLAIS DU MOMENT, ROBERT KNOLLES ET JOHN CHANDOS...
DU CÔTÉ DE CHARLES DE BLOIS VINRENT SE RANGER BERTRAND DU GUESCLIN ET OLIVIER DE CLISSON...
JE N'AIME RIEN DE CE QUI EST ANGLAIS!
JE CONNAIS CETTE BONNE HAINE-LÀ!
LA GARNISON FRANÇAISE EST À BOUT DE RESSOURCES. ELLE A OFFERT DE SE RENDRE À LA SAINT-NICOLAS, SI ELLE N'EST PAS SECOURUE D'ICI LÀ...
LES ARMÉES SE RENCONTRÈRENT À UNE DEMI-LIEUE D'AURAY, DANS LA VALLÉE DE KERSO. MONTFORT AVAIT ENVIRON DEUX MILLE HOMMES D'ARMES ET UN MILLIER D'ARCHERS, LES FRANCO-BRETONS, QUATRE MILLE CAVALIERS PESAMMENT ARMÉS, QUI TOUS MIRENT PIED À TERRE POUR AVANCER...
...ET ILS S'EN VINRENT AINSI TOUT BELLEMENT AU PAS, SI SERRÉS QU'ON N'EÛT PU JETER UNE BALLE DE PAUME QU'ELLE NE TOMBÂT SUR LES POINTES DES LANCES...

L'ENGAGEMENT FUT SANS MERCI. UN CORPS DE RÉSERVE, SURVENU FORT À PROPOS, ASSURA LA VICTOIRE À MONTFORT...
NOS LIGNES SONT ENFONCÉES!
C'EST TOUTE LA FLEUR DE LA CHEVALERIE BRETONNE QUI VA MOURIR ICI!
Olivier de Clisson y perdit un oeil...
BERTRAND, MON FIER COMPAGNON, FUT PRIS, N'AYANT PLUS DANS LES MAINS QU'UN TRONÇON D'ÉPÉE...
JE SUIS À CHANDOS! MESSIRE BERTRAND, SI VOUS NE VOULEZ ÊTRE OCCIS, RENDEZ-VOUS À LUI!
La bannière de Monseigneur Charles fut bientôt conquise. Un Anglais passa son épée dans le corps de Charles de Blois, de la bouche jusque derrière le col...
ARGH!
COUP POUR COUP, TUDIEU!
Un sien bâtard sera tué après lui, en voulant venger sa mort, le 29 septembre 1369, fête de Saint Michel.

Un traité fut signé à Guérande, le 12 avril 1365. Jean de Montfort l'Amaury devint Jean V, duc de Bretagne sous la suzeraineté du roi de France. Les Montfort l'emportaient. Le 13 décembre 1366 le nouveau duc de Bretagne vint prêter l'hommage simple...
...en l'hôtel Saint-Pol, à Paris. Charles aimait cette demeure vaste, avec ses jardins, son verger, sa ménagerie...
Rien n'y a fait, il a refusé l'hommage lige(*)...
Ces Montfort ne sont pas de la pâte dont on fait les bons et fidèles vassaux du roi de France!
(*) L'hommage lige eût obligé le duc au service d'ost, ou service militaire.
Du Guesclin avait été conduit à Niort, en Poitou, par Chandos...
Messire Bertrand, je vous ferai bientôt mettre à rançon pour la somme de cent mille livres...
Elle vous sera vite comptée!
Bertrand savait bien qu'on aurait besoin de lui avant longtemps...
Et voilà le sage roi de France délivré de toute guerre et de tout ennemi déclaré. Mais son pauvre royaume est bien faible et malade...
Tu as raison, mon bon Thévenin. La plus grande misère de la France, c'est le
BRIGANDAGE DES COMPAGNIES!

LES COMPAGNIES, TERREUR DU CENTRE DE LA FRANCE... ON LES APPELAIT "GRANDES COMPAGNIES"... MAIS LE PEUPLE PARLAIT DE ROUTIERS, BRABANÇONS, TARD-VENUS, MALANDRINS, ÉCORCHEURS OU COTEREAUX(*)...
(*) Cotereaux: à cause de leurs longs couteaux.
DEPUIS LA PAIX AVEC L'ANGLETERRE À BRÉTIGNY, LES MERCENAIRES DÉSOEUVRÉS, ALLEMANDS, ANGLAIS, FLAMANDS, ERRAIENT PAR BANDES...
TON MAGOT, VILAIN, DIS-MOI OÙ IL EST CELÉ, OU JE TE DÉCOUPE LE CUIR EN LANIÈRES!
...ET RAVAGEAIENT LE LANGUEDOC ET LA BOURGOGNE, METTANT LES VILLES À GENOUX, LES SEIGNEURS À RANÇON, LA CAMPAGNE À FEU ET À SANG!
COMPAGNON D'AUBRECICOURT(*), TAILLEZ-MOI TOUS CES CAPONS!
(*) Célèbre chef de bande.

LES GRANDES COMPAGNIES SONT INACTIVES... DONNEZ-LEUR À FLAIRER UNE PROIE BIEN GRASSE ET BIEN JUTEUSE, ET VOUS LES VERREZ SE DÉTOURNER AUSSITÔT DU ROYAUME !
EN CASTILLE, PIERRE LE CRUEL RÈGNE DUREMENT, DOMINÉ PAR DES INTRIGANTS. SA FEMME, L'INFORTUNÉE BLANCHE DE BOURBON, VOTRE BELLE-SOEUR, SIRE, EST MORTE EN 1361, PLUS MISÉRABLE QU'UNE SERVANTE...
IL A CONTRE LUI L'EGLISE, QUI L'A EXCOMMUNIÉ, LE PEUPLE, ET HENRI DE TRASTAMARE. CE DEMI-FRÈRE BÂTARD REVENDIQUE LA COURONNE, ET IL EST APPUYÉ PAR PIERRE LE CÉRÉMONIEUX, ROI D'ARAGON...
JE FOURNIRAI UNE ARMÉE À HENRI ; LES COMPAGNIES LA COMPOSERONT !
POUR RÉUNIR LES COMPAGNIES, JE NE VOIS QU'UNE SEULE BANNIÈRE...
MOI AUSSI. CELLE DE BERTRAND DU GUESCLIN. QU'ON RÉUNISSE LE MONTANT DE LA RANÇON !
IL EN COÛTA QUARANTE MILLE FLORINS D'OR AU ROI DE FRANCE. ET HENRI DE TRASTAMARE NE SE FIT PAS PRIER POUR S'ACQUITTER DU COMPLÉMENT.

(1) Taxe par tête.
(2) Région, entre le Rhône, la Durance et le Mont Ventoux, placée sous l'autorité pontificale.

(*) On l'appela plus tard le "Prince noir."

DE TOUTES PARTS LES COMPAGNIES LICENCIÉES PAR HENRI DE TRASTAMARE, ET QUI L'AVAIENT ÉTABLI SUR LE TRÔNE, S'EN REVINRENT POUR LE COMBATTRE SOUS LA BANNIÈRE DU PRINCE DE GALLES. AU MILIEU DE FÉVRIER 1367, IL PASSAIT AVEC UNE ARMÉE DE DOUZE MILLE HOMMES LE "PAS" DE RONCEVAUX...
QUITTANT CHARLES V, BERTRAND LEVA EN TOUTE HÂTE UNE ARMÉE EN BRETAGNE ET VOLA AU SECOURS D'HENRI.
HUGH DE CALVERLY AURAIT-IL DÉSERTÉ LA CAUSE D'HENRI?
IL S'ÉTAIT ENGAGÉ DEVANT MOI À NE JAMAIS PORTER LES ARMES CONTRE LE PRINCE DE GALLES, SON SUZERAIN.
NOUS AVONS SURPRIS L'AVANT-GARDE DE GUILLAUME FELTON. NOUS L'AVONS TAILLÉE EN PIÈCES!
LES DEUX ARMÉES S'ENTRECHOQUÈRENT LE SAMEDI 3 AVRIL 1367, ENTRE NAJERA ET NAVARETE. LES ESPAGNOLS NE PURENT LONGTEMPS RIVALISER AVEC L'ARMÉE MERVEILLEUSEMENT CONDUITE DU PRINCE EDOUARD.
NUL QUARTIER À DU GUESCLIN!
VAILLANT CHEVALIER, VOUS AVEZ ASSEZ FAIT POUR L'HONNEUR. TOUTE RÉSISTANCE EST VAINE. RENDEZ-VOUS!
SOIT! J'AI DU MOINS LA CONSOLATION DE REMETTRE MON ÉPÉE AU PLUS VAILLANT PRINCE DE LA TERRE.
LIVREZ-LE MOI. JE VOUS OFFRE EN ÉCHANGE SON POIDS D'ARGENT. JE LE TROUVERAI, DÛT-IL, DE MON VIVANT, NE RESTER EN ESPAGNE CALICE SUR AUTEL!
C'ÉTAIT UN BEAU JOUR POUR LE PRINCE DE GALLES. IL REFUSA. PIERRE LE CRUEL RECOUVRAIT SON TRÔNE. BERTRAND ÉTAIT DE NOUVEAU PRISONNIER SOUS LA BANNIÈRE DE JOHN CHANDOS.

PIERRE LE CRUEL NE TINT PAS SES ENGAGEMENTS. LE PRINCE ÉDOUARD REPASSA EN FRANCE ET REGAGNA BORDEAUX AVEC SON PRISONNIER...
EH BIEN, CHEVALIER! COMMENT VOUS TROUVEZ-VOUS?
À MERVEILLE! ON DIT PARTOUT QUE VOUS ME CRAIGNEZ ET N'OSEZ ME METTRE À RANÇON...
PAR SAINT GEORGES! FIXEZ-EN VOUS-MÊME LE MONTANT, ET VOUS ÊTES LIBRE!
PAS MOINS DE CENT MILLE LIVRES D'OR!
FOLIE! OÙ PRENDREZ-VOUS SOMME AUSSI CONSIDÉRABLE?
HENRI ET LE ROI DE FRANCE Y POURVOIRONT CHACUN POUR MOITIÉ. À DÉFAUT, IL N'EST FEMME EN FRANCE, SACHANT FILER, QUI NE FILE POUR MA RANÇON!
BERTRAND FUT LIBÉRÉ. C'ÉTAIT FAUTE GRAVE. AU MOIS DE DÉCEMBRE 1368, IL RASSEMBLE DEUX MILLE SOUDOYERS (*) EN LANGUEDOC ET EN PROVENCE, REJOINT HENRI ET, LE 14 MARS 1369, À MONTIEL, ÉCRASE PIERRE LE CRUEL...
(*) Homme de guerre pris à solde.
PIERRE LE CRUEL FUT FAIT PRISONNIER ET CONDUIT SOUS LA TENTE DU VAINQUEUR, SON FRÈRE. LES DEUX HOMMES S'INJURIÈRENT DEVANT LE VICOMTE DE ROCABERTI, CHEVALIER ARAGONAIS...
PAR DIEU, QUAND CESSEREZ-VOUS D'EN DÉCOUDRE?
QUAND JE LUI AURAI EMBARRÉ MA COUTILLE (*) AU CORPS!
(*) Dague.
PIERRE FUT OCCIS D'UN MÉCHANT COUP DE DAGUE, ET C'EST AINSI QU'HENRI RECOUVRA LE TRÔNE DE CASTILLE...
QU'ON LUI SÉPARE LA TÊTE DU CORPS ET QU'ON LA PROMÈNE AU BOUT D'UNE LANCE!
IL DONNA À BERTRAND LE DUCHÉ DE MOLINA, LE COMTÉ DE SORIA, LA CONNÉTABLIE DE CASTILLE ET CENT VING MILLE DOUBLO D'OR. MAIS DÉ CHARLES V S'IMPATIENTE. PAR CINQ FO IL ENVOIE UN MESSAGE À BERTRAND, LE PRESSANT DE REVENIR..

L'EXPÉDITION D'ESPAGNE AVAIT ÉTÉ RUINEUSE POUR LE PRINCE DE GALLES QUE PIERRE LE CRUEL N'AVAIT PAS PAYÉ. IL LUI FALLUT LEVER DE NOUVEAUX IMPÔTS EN AQUITAINE...
ETABLISSONS UN FOUAGE(1) DE DIX SOUS PAR FEU(2) PENDANT CINQ ANS...
(1) Redevance.
(2) Maison.
DE PUISSANTS SEIGNEURS GASCONS, DONT JEAN D'ARMAGNAC, EN FURENT FORT COURROUCÉS. ILS EN APPELÈRENT AU ROI DE FRANCE, RECONNAISSANT QU'IL ÉTAIT SUZERAIN DU DUC D'AQUITAINE.
JE GARANTIRAI MES VASSAUX CONTRE TOUTE ESPÈCE DE FOUAGE PENDANT DIX ANS !
AU DÉBUT DU MOIS DE JANVIER 1369, CHARLES V ENVOYA À BORDEAUX JEAN CHAPONVAL ET BERNARD PALOT, L'UN CHEVALIER, L'AUTRE JUGE CRIMINEL À TOULOUSE...
...AFIN DE VOUS PRÉSENTER UNE CITATION À COMPARAÎTRE DEVANT LE PARLEMENT DE PARIS.
POUR QU'EDOUARD, PRINCE DE GALLES, RÉPONDE, TOUCHANT CERTAINS GRIEFS DONT: "PAR FAIBLE CONSEIL ET SIMPLE INFORMATION, IL AURAIT MOLESTÉ LES PRÉLATS, BARONS, CHEVALIERS ET COMMUNES DES MARCHES DE GASCOGNE AUX FRONTIÈRES DE NOTRE ROYAUME, DE LAQUELLE CHOSE NOUS SOMMES TOUT ÉMERVEILLÉ"(*)...
(*) Stupéfié.
NOUS IRONS VOLONTIERS À PARIS, PUISQUE LE ROI DE FRANCE NOUS MANDE, MAIS CE SERA LE BASSINET(*) EN TÊTE ET SOIXANTE MILLE HOMMES EN NOTRE COMPAGNIE !
(*) Heaume conique à visière mobile.
C'ÉTAIT LÀ GRANDE VAILLANCE, CAR LE PRINCE ÉTAIT PLEIN DE MALADIES INCURABLES. SUR QUOI IL LAISSA REPARTIR LES ENVOYÉS, PUIS SE RAVISA ET LES FIT JETER EN PRISON...

LE 3 JUIN...
EDOUARD III D'ANGLETERRE, À WESTMINSTER, S'EST PROCLAMÉ ROI DE FRANCE!
LE 30 NOVEMBRE
ÇA Y EST, LA RIPOSTE EST VENUE! FORT DE L'APPUI DE SON PARLEMENT, CHARLES V A CONFISQUÉ L'AQUITAINE!
CHARLES REPRIT L'AQUITAINE PLACE APRÈS PLACE... RODEZ, FIGEAC, MONTAUBAN, MILLAU, CAHORS, SARLAT TOMBÈRENT L'UNE APRÈS L'AUTRE...
FIGEAC
CAHORS
RODEZ
MONTAUBAN
MILLAU
COMME SI TOUT DEVAIT À LA FOIS MAL TOURNER POUR LE PARTI DES ANGLAIS, JOHN CHANDOS, LE VAILLANT CAPITAINE, FUT TUÉ AU PONT DE LUSSAC, LE 2 JANVIER 1370...
EDOUARD III TENTA DE TROUBLER CETTE RECONQUÊTE MÉTHODIQUE, ET LANÇA ROBERT KNOLLES. CELUI-CI PARTIT D'ANGLETERRE AVEC MILLE SIX CENTS HOMMES D'ARMES ET PLUS DE DEUX MILLE CINQ CENTS ARCHERS...
LE VENT NOUS EST CONTRAIRE. JAMAIS NOUS NE RALLIERONS LE PAYS DE CAUX!
TANT PIS! NOUS ABORDERONS À CALAIS.
IL TRAVERSA L'ARTOIS ET LA PICARDIE SANS RENCONTRER DE RÉSISTANCE. LA TACTIQUE DE CHARLES V ÉTAIT DE LAISSER PASSER L'ENNEMI, LIBREMENT, COMPTANT SUR LE TEMPS ET LA MALADIE POUR LE DÉCIMER.
LE 22 SEPTEMBRE, L'ANGLAIS FUT AUX PORTES DE PARIS.

LE ROI CHARLES POUVAIT VOIR DE SON HÔTEL DE SAINT-POL LES FEUX QU'IL FIT PENDANT UN JOUR ET DEUX NUITS...
VOUS N'AVEZ QUE FAIRE D'EMPLOYER VOS GENS CONTRE CES ENRAGÉS. LAISSEZ-LES ALLER ET REPARTIR. ILS NE POURRONT PRENDRE MON HÉRITAGE.
BERTRAND ÉVITA LES EMBUSCADES ANGLAISES ET ENTRA DANS PARIS, VÊTU DE GROS DRAP GRIS, AVEC UNE DIZAINE DE SOUDARDS DÉGUISÉS COMME LUI.
HOLÀ, BOURGEOIS DE PARIS! RÉVEILLEZ-VOUS! VOILÀ BERTRAND DU GUESCLIN!
ON L'ATTENDAIT. SA VENUE FUT SALUÉE PAR DES ACCLAMATIONS ET DES VIVATS...
HOLÀ, DOUCEMENT, BONNES GENS!
DIEU SOIT AVEC TOI, BERTRAND!
CHARLES V RÉSOLUT ALORS DE DONNER À BERTRAND LA DIRECTION DE LA GUERRE. MOREAU DE FIENNES, LE VIEUX CONNÉTABLE, AVAIT QUATRE-VINGTS ANS, ET S'ÉTAIT DÉMIS DE SA CHARGE. LE DUC DE BOURGOGNE, FRÈRE DU ROI, AVAIT ÉTÉ PROVISOIREMENT CHARGÉ DE L'OFFICE...
LE 2 OCTOBRE 1370...
JE N'AI DONNÉ L'ÉPÉE DE CONNÉTABLE À MON FRÈRE QUE POUR LA RENDRE PLUS DIGNE DE VOUS!

SIRE, JE SUIS PAUVRE CHEVALIER ET PETIT BACHELIER. ET VOICI MES SEIGNEURS, VOS FRÈRES, VOS NEVEUX, VOS COUSINS QUI AURONT CHARGE DE GENS D'ARMES... COMMENT OSERAI-JE COMMANDER SUR EUX?
MESSIRE BERTRAND, JE N'AI NI FRÈRE, NI NEVEU, NI COMTE, NI BARON EN MON ROYAUME QUI N'OBÉISSE À VOUS.
A CAEN, BERTRAND VOULUT LEVER UNE ARMÉE DE QUINZE CENTS HOMMES. IL S'EN PRÉSENTA TROIS MILLE. IL ENGAGEA SA VAISSELLE D'OR ET D'ARGENT POUR LES PAYER. PUIS, AIDÉ DE CLISSON, DE JEAN DE VIENNE, ET DU MARÉCHAL D'AUDREHEM, IL SE JETA AUX TROUSSES DE ROBERT KNOLLES...
LE 4 DÉCEMBRE 1370. À PONTVALLAIN, APRÈS AVOIR MARCHÉ TOUTE LA NUIT COMME UN FORCENÉ, IL ANÉANTIT L'ARRIÈRE-GARDE ANGLAISE COMMANDÉE PAR THOMAS GRANSON...
HARDI, COMPAGNONS! UN HOMME QUI A PEUR EST DÉJÀ À DEMI MORT!
MONTJOIE!
SAINT DENIS!
NOTRE-DAME GUESCLIN!
HARCELÉ, TOUT DÉFAIT, ROBERT KNOLLES LICENCIA SES TROUPES ET REGAGNA SA FORTERESSE DE DERVAL EN BRETAGNE.
DÉJÀ LIMOGES S'ÉTAIT RENDUE EN AOÛT. LE PRINCE DE GALLES JURA DE LA REPRENDE ET DE SE VENGER. SA MALADIE NE FAISAIT QU'EMPIRER. IL SE FIT CONDUIRE EN LITIÈRE ET, LE 19 SEPTEMBRE, SE DONNA LE SPECTACLE DU MASSACRE...
GRÂCE. GRÂCE. GENTIL SIRE!
APRÈS QUOI, AU DÉBUT DE 1371, IL REGAGNA L'ANGLETERRE, AYANT PERDU PRESQUE TOUT LE PAYS OÙ IL ÉTAIT VENU EN VAINQUEUR.

DEPUIS TRENTE ANS, BERTRAND N'AVAIT PAS QUITTÉ L'ARMURE... INFATIGABLE, À LA TÊTE DE SES FIDÈLES BRETONS CLISSON, KERLOUËT, MAUNY, BEAUMANOIR, IL S'ÉLANÇA À L'ASSAUT DU POITOU, DE L'AUNIS, DE L'ANGOUMOIS, DE LA SAINTONGE...
NOTRE-DAME GUESCLIN!
LE CAPTAL DE BUCH, LE SEUL CAPITAINE ANGLAIS QUI PÛT TENIR TÊTE À BERTRAND DU GUESCLIN, TOMBA DANS UNE EMBUSCADE DEVANT LE CHÂTEAU DE SOUBISE, ET FUT AMENÉ À PARIS...
AH, GUYENNE!
TU ES PERDUE, VRAIMENT!
LE DUC DE LANCASTRE, SECOND FILS DU ROI D'ANGLETERRE, DÉBARQUA À CALAIS AVEC QUINZE MILLE HOMMES, ET TRAVERSA LE VERMANDOIS, LA CHAMPAGNE, LA BOURGOGNE, INCENDIANT ET RANÇONNANT LES VILLAGES SANS RENCONTRER RÉSISTANCE...
PLUS VITE, MATHIEU! PLUS VITE!
AU COMMENCEMENT DE SEPTEMBRE 1373, CHARLES V RAPPELA BERTRAND ET CLISSON À PARIS AFIN QU'ILS PARTICIPENT À UN GRAND CONSEIL AUQUEL ASSISTAIENT LES DUCS D'ANJOU ET DE BOURBON (*)...
SIRE, C'EST GRANDE HONTE POUR LE ROYAUME DE FRANCE, OÙ IL Y A TANT DE BONS ET BRAVES CHEVALIERS, D'Y LAISSER PASSER IMPUNÉMENT UNE ARMÉE ENNEMIE!
MIEUX VAUT PAYS PILLÉ QUE TERRE PERDUE.
IL FUT CONVENU QUE LE CONNÉTABLE SE CONTENTERAIT DE SURVEILLER L'ENNEMI EN LE SUIVANT PAS À PAS AVEC CINQ CENTS LANCES SEULEMENT.
(*) L'un frère, l'autre beau-frère du roi.

LA TACTIQUE ÉTAIT BONNE. LA CHEVAUCHÉE ANGLAISE PASSA ET FUT GRANDEMENT DÉCIMÉE PAR LA FAMINE, LA MALADIE, L'HIVER ET LE HARCÈLEMENT DE BERTRAND. L'AFFAIRE RÉGLÉE, LE CONNÉTABLE REPRIT L'OFFENSIVE AVEC SUCCÈS...
JE N'AURAI DE REPOS TANT QU'UN SOLDAT ANGLAIS FOULERA LE SOL DE MON PAYS!
EN NORMANDIE, POUR ENLEVER LE PUISSANT CHÂTEAU DE SAINT-SAUVEUR-LE-VICOMTE, IL FALLUT CONCENTRER SUR LUI UNE FORMIDABLE ARTILLERIE. IL SE RENDIT LE 5 JUILLET 1375...
PENDANT CES SIX ANNÉES DE GUERRE, LES PAPES URBAIN V ET GRÉGOIRE XI N'AVAIENT CESSÉ DE FAIRE DES EFFORTS POUR RÉTABLIR LA PAIX. ON PARLEMENTA LONGUEMENT À BRUGES, À MONTREUIL-SUR-MER ET À BOULOGNE...
EDOUARD III EST LAS DE CETTE GUERRE. IL A ACCEPTÉ DE CONCLURE UNE TRÊVE PROVISOIRE...
TOUTES CES PARLERIES NE CONDUIRONT À RIEN!
C'EST DURANT CES NÉGOCIATIONS QUE LE PRINCE DE GALLES RENDIT L'ÂME À WESTMINSTER LE 8 JUIN 1376...
TROIS MOIS APRÈS, CE FUT LE TOUR DU CAPTAL DE BUCH. CHARLES V N'AVAIT PAS VOULU LE METTRE À RANÇON. IL ÉTAIT ENTRÉ DANS UNE LANGUEUR QUI LE MENA À LA MORT.
LE 21 JUIN 1377, EDOUARD III S'ÉTEIGNAIT À SON TOUR, ABANDONNÉ DE TOUS. SEUL LE VEILLAIT UN PAUVRE PRÊTRE.

LA GUERRE RAVAGEAIT L'ANGLETERRE, QUI AVAIT POUR ROI UN ENFANT DE DIX ANS, RICHARD II DE BORDEAUX, FILS DU PRINCE DE GALLES. JEAN DE VIENNE, AVEC LE CONCOURS DE LA FLOTTE CASTILLANE, S'EN FUT, EN L'ÉTÉ 1377, SACCAGER RYE, LEWES, FOLKESTONE, PORTSMOUTH...
C'EST EN MARS 1378 QUE JACQUES DE RUE, CHAMBELLAN DE CHARLES, ROI DE NAVARRE, FUT ÉCROUÉ AU CHÂTELET. IL AVOUA...
CES DOCUMENTS, SAISIS DANS VOS COFFRES, SONT ACCABLANTS!
C'EST VRAI. MON MAÎTRE A CONÇU ET MACHINÉ DE FAIRE EMPOISONNER LE ROI DE FRANCE...
SIRE! POUR CHÂTIER L'INSOLENT, LAISSEZ-MOI RECONQUÉRIR TOUTES LES PLACES QU'IL A EN NORMANDIE!
IL NE LUI LAISSA QUE CHERBOURG. CHARLES DE NAVARRE ÉTAIT RUINÉ.
LA FRANCE ÉTAIT PURGÉE DE L'OCCUPANT. AUX ANGLAIS, IL NE RESTAIT PLUS GUÈRE QUE BORDEAUX, BREST, CALAIS, BAYONNE, ET QUELQUES PLACES-FORTES ISOLÉES...
LE DUCHÉ DE BRETAGNE A TOUJOURS ÉTÉ POUR NOS ENNEMIS UNE PORTE OUVERTE SUR LA FRANCE...
LE 18 DÉCEMBRE 1378...
APRÈS HUIT SÉANCES, ET EN PRÉSENCE DU ROI, LE PARLEMENT PROCLAME PAR CET ARRÊT JEAN V, DUC DE BRETAGNE, CONVAINCU D'ALLIANCE AVEC L'ENNEMI. IL EST DÉCLARÉ FÉLON. SA TERRE SERA CONFISQUÉE ET RÉUNIE AU DOMAINE.

CE FUT UNE FAUTE GRAVE. LES BRETONS ÉTAIENT FRANÇAIS CONTRE L'ANGLETERRE, MAIS BRETONS AVANT TOUT. ILS S'ARMÈRENT...
LE ROI SE TROMPE. IL A CRU QU'IL SUFFIRAIT QUE TU TE MONTRES POUR TOUT PACIFIER... MAIS LES BRETONS QUI SERVENT SOUS TES ORDRES QUITTENT UN À UN TON SERVICE...
MON BON CLISSON, JE SUIS BRETON, MOI AUSSI, ET N'AI PAS DE COEUR POUR CETTE GUERRE-LÀ!
DANS L'ENTOURAGE DU ROI, ON LE DESSERVIT, INSINUANT QU'IL ÉTAIT DE "LA BANDE DU DUC DE BRETAGNE"...
QUAND IL L'APPRIT, LE VAILLANT CHEVALIER EN CONÇUT MOULT GRAND DEUIL.
PUISQUE L'ON SE DÉFIE DE MOI, J'IRAI EN ESPAGNE OÙ JE SUIS ENCORE CONSIDÉRÉ. QUE L'ON RENVOIE AU ROI MON ÉPÉE DE CONNÉTABLE!
PUIS IL S'EN ALLA ASSIÉGER, À CHATEAUNEUF-DE-RANDON, EN GÉVAUDAN, UNE COMPAGNIE QUI DÉSOLAIT FORT LE PAYS. C'EST LÀ QUE LE 13 JUILLET 1380 MON BON COMPAGNON RENDIT SON ÂME À DIEU. MAIS LE GOUVERNEUR DE LA PLACE CAPITULA ET, SUR L'ORDRE DU MARÉCHAL DE SANCERRE, REMIT LES CLÉS DE LA VILLE À SA DÉPOUILLE MORTELLE.
C'EST À UN CADAVRE QU'IL LES RENDIT.
VOICI LES CLÉS DE LA VILLE DONT LE ROI D'ANGLETERRE M'A CONFIÉ LA DÉFENSE. JE LES REMETS AU PLUS FRANC CHEVALIER QUI AIT VÉCU SUR CETTE TERRE...
LE ROI QU'IL AVAIT SI BIEN SERVI NE DEVAIT PAS TARDER À LE SUIVRE. SENTANT SA FIN PROCHAINE, IL SE RETIRA EN SON CHÂTEAU DE BEAUTÉ-SUR-MARNE, PRÈS DE VINCENNES. IL ABOLIT TOUS LES FOUAGES, ET SE FIT PRÉSENTER LA COURONNE D'ÉPINES ET LA COURONNE DU SACRE...
JE VEUX QUE MON BRAVE DU GUESCLIN SOIT ENSEVELI À SAINT-DENIS, TOUT AUPRÈS DE MA DÉPOUILLE...
LE PREMIER CAPITAINE QUI AIT L'HONNEUR D'ÊTRE INHUMÉ DANS LA SÉPULTURE DES ROIS!
PUIS IL EXPIRA. C'ÉTAIT LE 16 SEPTEMBRE 1380. IL AVAIT QUARANTE-DEUX ANS.

LE ROI FOU
JEANNE D'ARC

Dessin de Eduardo Coelho, texte de Jacques Bastian
Dessin de Victor de La Fuente, texte de Victor Mora.

HISTOIRE DE FRANCE
BANDES DESSINÉES LAROUSSE

LE COMBAT SOLITAIRE DE JEANNE

Dans le Moyen Age de carton-pâte où on l'imagine d'habitude, Jeanne d'Arc semble promise d'avance au succès, puis au martyre. Combien plus émouvante est la réalité ! Folie que son entreprise, si l'on revit les dangers, les misères, les doutes de cette époque troublée.

Personne ne pouvait affirmer alors que la France n'allait pas se diviser en plusieurs royaumes. Henri VI Plantagenêt était le roi légal, et au regard du droit il n'était nullement un usurpateur. Des seigneurs, des Parisiens, avaient fait appel à l'Etranger pour arbitrer la guerre civile : l'autre camp en eût fait autant, car la fidélité était due à la personne d'un roi, non à l'idée abstraite de patrie. Le sentiment national, hésitant et diffus, s'exprime avec difficulté. Jeanne d'Arc se fait le porte-parole d'un patriotisme populaire instinctif, et plus profondément enraciné que les querelles partisanes.

Parmi les prétendants à la Couronne, il fallait lucidité et courage pour choisir le faible Charles VII, qui poursuivait mollement, avec quelques centaines d'hommes, une guerre d'escarmouches autour de la Loire. Or, Jeanne ne lui apporte aucun réconfort matériel : c'est avec ces effectifs réduits qu'elle remporte ses victoires ; elle ne donna pas le signal d'une levée en masse de la population. Mais, contre les apparences du pouvoir et la force brutale, elle se fit le champion de l'esprit.

C'est en cela que son intervention est proprement religieuse. Sans doute partage-t-elle avec ses contemporains une vision religieuse du monde. Mais personne, alors, ne croit vraiment que la foi puisse transporter des montagnes. Jeanne d'Arc entreprend de le démontrer, d'où la méfiance qui l'accueille. L'Europe fourmille de prophètes, vrais ou faux, annonçant l'Evangile ; un croyant ne peut refuser le message, s'il vient de Dieu. Mais s'il venait du diable ? Pour bien montrer qu'elle se place en dehors des règles ordinaires, Jeanne d'Arc porte des habits d'homme, bravant un interdit majeur énoncé dans l'Ecriture. Surtout, elle se met au service de la monarchie parce que ses "voix" le lui ordonnent. Mais plus d'une hérésie, au Moyen Age, ne commença-t-elle pas de cette manière ? Les accusations de sorcellerie ou d'hérésie portées contre elle ne furent pas seulement le fruit du cynisme.

Contre tous ces obstacles, Jeanne d'Arc mène un combat solitaire. A peine quelques fidèles, et ses hommes d'armes. La population ne participe guère à la lutte libératrice. La guerre de Cent Ans, c'est une poignée de soldats qui en affronte une autre. Et, loin des combats, lentement tourne la roue de la vie : naissances, mariages, morts, labours, semailles. Les spectateurs obscurs du drame, qui ne font pas la guerre, n'en pèsent pas moins sur le cours des événements : par des révoltes contre l'impôt, par le ralliement progressif de la majorité à Charles VII, ils assurent, eux aussi, la défaite des Anglais. Seuls, les auraient-ils "boutés hors de France" ?

Le présent volume appartient à la dernière édition (revue et corrigée) de cet ouvrage. La date du copyright mentionnée ci-dessous ne concerne que le dépôt à Washington de la *première* édition.

le·roi·fou
SE SENTANT PRÈS DE MOURIR, CHARLES V A CONVOQUÉ SES FRÈRES AU CHÂTEAU DE BEAUTÉ POUR LEUR FAIRE CONNAÎTRE SES DERNIÈRES VOLONTÉS. NOUS SOMMES EN 1380.
ILS SONT BIEN LÀ, TOUS LES TROIS : LOUIS 1ER, DUC D'ANJOU, JEAN, DUC DE BERRI, PHILIPPE LE HARDI, DUC DE BOURGOGNE. IL Y A MÊME LE DUC DE BOURBON, LOUIS, BEAU-FRÈRE DU "SAGE". MAIS ILS ÉCOUTENT FORT DISTRAITEMENT...
TOUTE MA CONFIANCE EST EN VOUS... JE VOUS CONFIE CHARLES, MON FILS...
CONSEILLEZ-LE AVEC LOYAUTÉ... FAITES-LE COURONNER AUSSITÔT APRÈS MA MORT !
LES DUCS PROMIRENT. MAIS CHACUN NE PENSAIT QU'À RÉALISER SES AMBITIONS PERSONNELLES.
DEUX MOIS PASSÈRENT. LE ROYAUME PERDIT SON SOUVERAIN, ET LE JEUNE CHARLES FUT SACRÉ À REIMS LE 3 NOVEMBRE 1380.
IL AVAIT ONZE ANS.

GRAND, BLOND, DE BELLE CARRURE, CHARLES "LE BIEN AIMÉ" PASSAIT SON TEMPS À LA CHASSE...
SON AGILITÉ FAISAIT L'ADMIRATION DES MAÎTRES D'ARMES CHARGÉS DE L'INSTRUIRE EN L'ART DE COMBATTRE...
QUELLE FOUGUE À MANIER LA LANCE !
DÉBORDANT DE VITALITÉ, IL RAFFOLAIT DU JEU DE PAUME...
ET DE CECI, MESSIRE CONNÉTABLE, QUE DITES-VOUS ?
LA DANSE AUSSI LUI ÉTAIT AGRÉABLE, ET LA FRAÎCHEUR D'UN MINOIS...
UNE DANSE ENCORE, MA MIE CHARMANTE !
MAIS LE PEUPLE DE PARIS VOYAIT D'UN MAUVAIS ŒIL LES FASTES DE LA COUR. AU PRÉVÔT DES MARCHANDS, ON LE FIT SAVOIR...
TROP DE TAXES, MESSIRE, ACCABLENT LE PEUPLE !
IMPLOREZ POUR NOUS NOTRE BON SIRE LE ROI !

LE ROI PROMIT D'ABOLIR LES AIDES. À QUELQUE TEMPS DE LÀ, LES GANTOIS TURBULENTS, ALLIÉS À L'ANGLETERRE DÈS LES PREMIÈRES HEURES DE LA GUERRE DE CENT ANS, SE SOULEVÈRENT CONTRE LE COMTE DE FLANDRE, VASSAL DE FRANCE. CHARLES VI SAISIT L'OCCASION DE PROUVER SA VIGUEUR GUERRIÈRE.
POUR DIEU ET MONSEIGNEUR SAINT DENIS !
LE 27 NOVEMBRE 1382, À ROOSEBECKE, SON ARMÉE MIT EN PIÈCES LES MILICES GANTOISES.
AAAAHAHAAA !
PHILIPPE VAN ARTEVELDE, INSTIGATEUR DE LA RÉVOLTE, TOMBA À SON TOUR.
À PARIS, DES ÉMEUTIERS L'ACCUEILLIRENT, BRANDISSANT DES MAILLETS DE PLOMB, ARRACHÉS PAR LA FORCE À L'HÔTEL DE VILLE, OÙ ILS ÉTAIENT ENTREPOSÉS. CHARLES VI EUT RAISON DES MAILLOTINS EXASPÉRÉS.
ALLONS, COMPAGNONS ! DONNONS LA CHASSE AUX COLLECTEURS D'IMPÔTS !

LE ROI N'AVAIT PAS ENCORE DIX-HUIT ANS. SON ONCLE, PHILIPPE LE HARDI, QUI DÉTENAIT EN FAIT LA RÉGENCE DU ROYAUME, CARESSAIT LE PROJET DE LE MARIER À UNE PRINCESSE ALLEMANDE...
... LE CHARME D'ISABELLE DE BAVIÈRE PINÇA LE ROI AU CŒUR.

LE 17 JUILLET 1385, À AMIENS, CHARLES VI ÉPOUSA LA PRINCESSE DE QUATORZE ANS, AUX VIVATS DE LA FOULE.

DE TOUTE LA FLANDRE, JONGLEURS, MUSICIENS, MIMES, CHANTEURS, RIVALISANT D'ADRESSE, ÉTAIENT VENUS SE MÊLER À LA POPULATION EN LIESSE...
ADMIREZ, BONNES GENS, CE QUE VOUS N'AVEZ JAMAIS VU !

... TANDIS QU'À L'INTÉRIEUR DU PALAIS ÉPISCOPAL, UN BALLET ÉTAIT OFFERT AUX NOUVEAUX ÉPOUX.

LE 25 SEPTEMBRE 1386, ISABELLE DONNA LE JOUR À UN GARÇON QUI FUT PRÉNOMMÉ CHARLES, COMME SON PÈRE...
MON ENFANT ! TU ES BEAU COMME TON PÈRE !
MAIS ON AVAIT VU DES CORBEAUX PLANER AU-DESSUS DU CHÂTEAU DE SENLIS, OÙ LE ROI RÉSIDAIT...
MAUVAIS PRÉSAGE... LE MALHEUR VA FRAPPER LE ROI OU SA MAISON.
... L'ENFANT NE VÉCUT QUE TROIS MOIS.
LA VIE, POURTANT, REPRIT SON COURS. POUR LE JEUNE COUPLE ROYAL, ELLE ÉTAIT MERVEILLEUSEMENT BELLE, FAITE D'INCESSANTS VOYAGES...
PUIS NAQUIT UNE FILLE (14 JUIN 1388). LE PEUPLE AVAIT ESPÉRÉ UN GARÇON, MAIS LES FÊTES N'EN FURENT PAS MOINS GRANDIOSES, À SAINT-OUEN !

MALGRÉ LES PROUESSES DE DU GUESCLIN, AUTREFOIS, L'ANGLAIS TENAIT BON EN FRANCE. CALAIS, CHERBOURG, BREST LUI APPARTENAIENT, AINSI QUE LA ZONE CÔTIÈRE ENTRE BORDEAUX ET BAYONNE. À VINGT ANS, CHARLES VI DÉCIDA DE VEILLER LUI-MÊME AU ROYAUME (1388).
MES BONS ONCLES, DÉSORMAIS JE GOUVERNERAI SEUL.
C'ÉTAIT UN ORDRE. LES ONCLES PERDIRENT TOUT POUVOIR.

CHARLES VI FIT APPEL À DES SAGES : LES ANCIENS CONSEILLERS DE SON PÈRE, QUE LES DUCS ÉVINCÉS DU POUVOIR SURNOMMÈRENT IRONIQUEMENT LES MARMOUSETS...

...LE CONNÉTABLE DE CLISSON, BUREAU DE LA RIVIÈRE, JEAN LE MERCIER, JEAN DE MONTAGU, ARNAUD DE CORTIC.
TOUS TENTÈRENT DE RÉTABLIR L'ORDRE, LA JUSTICE ET LES FINANCES, EN ÉDICTANT DE REMARQUABLES ORDONNANCES.

À LA MÊME ÉPOQUE, LE FRÈRE DU ROI, LOUIS D'ORLÉANS, ÉPOUSAIT LA RAVISSANTE VALENTINE VISCONTI.
JAMAIS ON NE VIT À MA COUR PRINCESSE PLUS BELLE, MADAME...

ISABELLE, LA BAVAROISE, N'AVAIT PAS ENCORE FAIT SON ENTRÉE SOLENNELLE DANS PARIS. CHARLES LA VOULUT INCOMPARABLE !
A LA PORTE SAINT-DENIS, UNE SURPRISE ATTENDAIT ISABELLE. UNE FONTAINE, ORNÉE AUX ARMES DE FRANCE ET DE BAVIÈRE, VERSAIT DU VIN. DES JEUNES FILLES LE RECUEILLAIENT DANS DES COUPES POUR EN OFFRIR AUX NOTABLES, QUI ÉTAIENT ALLÉS À CHEVAL ACCUEILLIR LE NOBLE CORTÈGE VENU DE REIMS...
SOYEZ LA BIENVENUE, MADAME, EN VOTRE BONNE VILLE DE PARIS !
... CAR LE ROI AIMAIT LES FÊTES ET LE LUXE. IL ÉTAIT D'UNE PRODIGALITÉ PROVERBIALE, QUE L'ON VOYAIT PARFOIS D'UN MAUVAIS ŒIL.

LE 23 AOÛT 1389, EN LA SAINTE-CHAPELLE...
... ISABELLE REÇUT DE GUILLAUME DE VIENNE, ARCHEVÊQUE DE ROUEN, L'HUILE SAINTE, LE SCEPTRE ET LA MAIN DE JUSTICE. ELLE ÉTAIT SACRÉE REINE DE FRANCE.
MA VICTOIRE EST ASSURÉE, MADAME, PUISQUE JE PORTE VOS COULEURS !
DES FÊTES SPLENDIDES MARQUÈRENT L'ÉVÉNEMENT. POUR L'AMOUR DE LA REINE, CHARLES VI DESCENDIT DANS LA LICE...
... ET LE SOIR, APRÈS LE TOURNOI, ISABELLE APPLAUDIT "LA GUERRE DE TROIE", RECONSTITUÉE AU COURS DU FESTIN.
UN HEUREUX MESSAGE VINT ACCROÎTRE LA JOIE DE LA REINE, QUI ATTENDAIT UN NOUVEL ENFANT...
SIRE, LE ROI RICHARD D'ANGLETERRE ACCEPTE UNE TRÊVE DE TROIS ANS !
DIEU SOIT LOUÉ ! NOTRE ENFANT CONNAÎTRA LA PAIX !
...CE FUT UNE FILLE QUI FUT PRÉNOMMÉE JEANNE.

UN AN PLUS TARD, DES HÉRAUTS DÉPÊCHÉS PAR LE ROI APPRENAIENT AU PEUPLE LA NOUVELLE TANT ATTENDUE : **LA REINE AVAIT ACCOUCHÉ D'UN FILS !**
6 FÉVRIER 1392

FESTINS ET DANSES POPULAIRES SE SUCCÉDÈRENT DES JOURS DURANT... HÉLAS, LE DAUPHIN CHARLES NE VIVRA PAS DIX ANS.

A VINGT-QUATRE ANS, DUREMENT AFFECTÉ PAR LA TYPHOÏDE QUI LUI A FAIT PERDRE ONGLES ET CHEVEUX, CHARLES PARAÎT TRÈS VIEILLI. MAIS, PORTANT HAUT LES COULEURS DE SA REINE, IL S'ADONNE TOUJOURS À L'EXCITANTE JOIE DES TOURNOIS ET DES JOUTES.

DIEU ME PARDONNE DE TROUBLER VOTRE REPOS, SIRE... UN MALHEUR... MESSIRE LE CONNÉTABLE !
UN MALHEUR ! À CLISSON ? PARLE !
UNE NUIT, TIRÉ BRUTALEMENT DE SON SOMMEIL, IL VIT ENTRER DANS SA CHAMBRE UN MESSAGER HORS D'HALEINE.

L'HOMME EXPLIQUA COMMENT LE CONNÉTABLE, QUI AVAIT QUITTÉ LE DERNIER LA RÉCEPTION DU ROI, AVAIT SUBI L'ATTAQUE D'UNE TROUPE DE MALANDRINS...
AAAAH ! LES MAUDITS...
... COMMANDÉE PAR SON RIVAL, PIERRE DE CRAON. LE MEURTRIER AVAIT AUSSITÔT PRIS LA FUITE.
L'ATTENTAT CONTRE SON FIDÈLE AMI PLONGEA LE ROI DANS UNE COLÈRE TERRIBLE...
JE VENGERAI CLISSON ! JE TUERAI CE CRAON DE MES MAINS !
LE CONNÉTABLE SE REMIT DE SES BLESSURES... LES CHEVALIERS PARTIS SUR LES TRACES DE L'ASSASSIN REVINRENT SANS LUI. CRAON S'ÉTAIT RÉFUGIÉ AUPRÈS DU DUC JEAN DE BRETAGNE...
... QUE LE ROI SOUPÇONNAIT D'ACCOINTANCE AVEC SON ENNEMI, LE ROI RICHARD II D'ANGLETERRE.
L'INFÂME ! IL CROIT ÉCHAPPER À MA COLÈRE CHEZ CE FÉLON ! NOUS ALLONS CHÂTIER CES BRETONS !

MAIS PHILIPPE DE BOURGOGNE NE CROYAIT PAS AU SUCCÈS D'UNE TELLE EXPÉDITION...
C'EST FOLIE, MON NEVEU ! JEAN DE BRETAGNE EST PUISSANT... ET VOUS N'ÊTES PAS EN MESURE DE COMMANDER UNE ARMÉE !
GENTIL SIRE, MESSIRE DE BOURGOGNE A RAISON... LA FIÈVRE CHAUDE D'AMIENS VOUS A FORT ÉPROUVÉ. ET VOUS AVEZ TANT BESOIN DE VOS ARMÉES POUR COMBATTRE L'ANGLAIS !
CHARLES DEMEURA INFLEXIBLE.
J'IRAI EN BRETAGNE ! JE CHÂTIERAI L'ASSASSIN DE MON AMI, PIERRE DE CLISSON !
CHARLES FIT SES ADIEUX À ISABELLE ET PARTIT À LA TÊTE D'UNE FORTE ARMÉE QUI, PAR CHARTRES ET LE MANS, DEVAIT GAGNER NANTES.
PAR UNE CHALEUR ACCABLANTE, LA TROUPE S'ENGAGE, LE 5 AOÛT 1392, DANS LA FORÊT DU MANS. SOUDAIN...
NE CHEVAUCHE PAS PLUS AVANT, NOBLE ROI ! TU ES TRAHI !
ON ÉCARTA L'HOMME... MAIS LE ROI FUT BOULEVERSÉ PAR CETTE BRUSQUE APPARITION.

L'INSOLATION DU MANS VENAIT DE DÉCLENCHER UNE CRISE DE FOLIE. BIEN D'AUTRES ALLAIENT SUIVRE. LA FRANCE AVAIT À SA TÊTE UN ROI FOU. **"ELLE ÉTAIT FRAPPÉE AU CHEF"!**

POUR DISTRAIRE LE ROI, ISABELLE ORDONNA EN
1393 UN BAL MASQUÉ. CHARLES VI ET CINQ SEI-
GNEURS SE DÉGUISÈRENT EN "SAUVAGES" HIRSU-
TES, LE CORPS COUVERT D'ÉTOUPE ET ENDUIT DE
POIX. POUR MIEUX VOIR, LOUIS D'ORLÉANS...
... APRROCHA UNE TORCHE. DES
HOMMES PRIRENT FEU. LA REINE PERDIT CONNAISSANCE...
... LA DUCHESSE DE BERRI ENVELOPPA LE ROI DANS SA LONGUE ROBE. IL ÉCHAPPA AINSI
AU FEU DU BAL DES ARDENTS, QUI FIT QUATRE VICTIMES.

ENTRE DEUX ACCÈS DE FOLIE, CHARLES
LE BIEN AIMÉ RETROUVAIT SON CALME
AUPRÈS DE SA DOUCE BELLE-SŒUR,
VALENTINE VISCONTI.
ELLE FIT DESSINER POUR LUI DE SPLENDI-
DES JEUX DE CARTES...

DANS LES TRIPOTS DE LA VILLE,
LES LANGUES ALLAIENT BON
TRAIN.
CETTE DIABLESSE DE VIS-
CONTI A JETÉ UN SORT À
NOTRE PAUVRE ROI !
C'EST SANS DOUTE LA COURONNE
QU'ELLE VEUT, POUR SON ÉPOUX,
MESSIRE D'ORLÉANS !

DANS SES PÉRIODES DE LUCIDITÉ, LE ROI
VEILLAIT SUR SON ROYAUME. LE 4 NOVEM-
BRE 1396, À CALAIS, IL MARIAIT SA FILLE
ISABELLE ÂGÉE DE 7 ANS AU ROI D'ANGLE-
TERRE RICHARD II...
LA PAIX RÉGNERAIT-ELLE ENFIN ENTRE LA
FRANCE ET SES VOISINS ANGLAIS ?

UN MAL ÉPOUVANTABLE SÉVISSAIT DANS PARIS : LA PESTE FAISAIT DES MORTS PAR CENTAINES...
DIEU NOUS PRÉSERVE DE FINIR SI VILAINEMENT !
... CEPENDANT QU'EN BOURGOGNE LA COUR DU RÉGENT, PHILIPPE LE HARDI, ÉCLABOUSSAIT DE SON FASTE CELLE DU PAUVRE ROI FOL.
CHARLES VI CONSERVAIT TOUTE SON AFFECTION À SON FRÈRE LOUIS, DUC D'ORLÉANS. LE BOURGUIGNON EN ÉPROUVAIT RANCŒUR.
LE MOINDRE INCIDENT DRESSAIT L'UN CONTRE L'AUTRE ONCLE ET NEVEU...
VOUS VIDEZ LES CAISSES DU ROI ET NE PENSEZ QUE BADINAGES !
EH ! JE LÈVERAI UN NOUVEL IMPÔT, BEL ONCLE !

LA MORT SOUDAINE DU RÉGENT, SURVENUE À BRUXELLES LE 27 AVRIL 1404, FIT CROIRE UN INSTANT À LOUIS D'ORLÉANS QU'IL AVAIT LE CHAMP LIBRE...
IL EN PROFITA D'ABORD POUR NOUER AVEC LA REINE DES LIENS ÉTROITS.
ISABELLE DÉLAISSA LE ROI FOU, PRÉFÉRANT LOUIS. LE MOINE LEGRAND LUI EN FIT VIVE REMONTRANCE AU JOUR DE L'ASCENSION (1405).
IVRESSE ET DÉBAUCHE RÈGNENT EN VOTRE COUR, MADAME ! C'EST GRAND-HONTE !
LE PRÉDICATEUR EXPRIMAIT LE SENTIMENT POPULAIRE.
UN HOMME ALLAIT METTRE FIN AU SCANDALE : JEAN, NOUVEAU DUC DE BOURGOGNE, SURNOMMÉ JEAN SANS PEUR DEPUIS SES EXPLOITS CONTRE LES TURCS À NICOPOLIS. DUR, IMPLACABLE, SANS SCRUPULE, IL ÉPROUVAIT POUR LOUIS D'ORLÉANS UNE HAINE TENACE.
LES DEUX HOMMES SE HEURTAIENT SANS CESSE.
MESSIRE D'ORLÉANS, VOUS RÉCLAMEZ ENCORE DE L'ARGENT ! POUR BOUTER L'ANGLAIS HORS DE FRANCE, DITES-VOUS ?
SERAIT-CE PAS PLUTÔT POUR PAYER DETTES PERSONNELLES ? JE REFUSE DE LEVER DE NOUVEAUX IMPÔTS EN BOURGOGNE ET EN FLANDRE !

EXPLOITANT HABILEMENT LE MÉCONTENTEMENT POPULAIRE, JEAN DE BOURGOGNE PÉNÉTRA DANS PARIS À LA TÊTE DE 5.000 HOMMES (1405).
LOUIS D'ORLÉANS VOLE VOTRE OR POUR ENTRETENIR SA DÉBAUCHE ! GENS DE PARIS, LAISSEZ-MOI REMETTRE DE L'ORDRE DANS LE ROYAUME !
LE 23 NOVEMBRE 1407, LOUIS RÉCONFORTAIT ISABELLE, QUI VENAIT DE PERDRE SON DOUZIÈME ENFANT, LORSQU'UN MESSAGER FIT IRRUPTION...
MESSIRE DUC... LE ROI VOUS MANDE ! UNE AFFAIRE GRAVE !
À MORT ! À MORT !
EN PLEINE NUIT, LOUIS SE HÂTAIT DE REJOINDRE SON FRÈRE À L'HÔTEL SAINT-POL, MAIS...
MARAUDS ! JE SUIS LE DUC D'ORLÉANS !
C'EST BIEN LUI QUE NOUS CHERCHONS !
LOUIS FUT ABANDONNÉ SUR LE PAVÉ, PERCÉ DE COUPS ET PERDANT SON SANG...

LOUIS N'ÉTAIT QU'UN TYRAN COR-ROMPU ! JE VOUS AI DÉBARRASSÉ D'UN PRINCE QUI GASPILLAIT VOTRE ARGENT !
LONGUE VIE AU DUC JEAN !

MAIS JEAN SANS PEUR VIT BIENTÔT SE DRESSER CONTRE LUI LE FILS DE SA VICTIME : CHARLES, NOUVEAU DUC D'ORLÉANS QUI VENAIT D'ÉPOUSER LA FILLE DE BERNARD D'ARMAGNAC...
JEAN DE BOURGOGNE NOUS NARGUE, MAIS AVEC L'AIDE DE VOS **ARMAGNACS**, MESSIRE BERNARD, NOUS LUI MÈNERONS LA VIE DURE !

EN PRENANT LE PARTI DES HUMBLES, LE DUC DE BOURGOGNE AVAIT GAGNÉ LA CONFIANCE DES PARISIENS. MAIS LA MENACE QUE FAISAIENT PESER SUR LUI ORLÉANS ET SES ALLIÉS LE CONTRAIGNIT À DEMANDER L'AIDE DES ANGLAIS. HENRI IV D'ANGLETERRE NE SE FIT PAS PRIER POUR DÉBARQUER SUR LE SOL FRANÇAIS AVEC SES TROUPES. MAIS C'EST À SON SUCCESSEUR QU'IL APPARTENAIT DE VAINCRE.

LA RIVALITÉ DES GRANDS, L'INTERVENTION DES ANGLAIS EXASPÉRAIENT LE PEUPLE...
CHASSEZ LE BAVAROIS !
PIERRE DES ESSARTS EST UN TRAÎTRE ! **PENDEZ-LE !**
... BIENTÔT GRONDA L'ÉMEUTE. ON S'EN PRIT AU FRÈRE DE LA REINE, LOUIS DE BAVIÈRE, PUIS AU PRÉVÔT DES MARCHANDS.

TIRANT PROFIT DES TROUBLES QUI SECOUAIENT LA FRANCE, LE ROI D'ANGLETERRE, HENRI V, UN LANCASTRE, DÉCIDA DE REPRENDRE LES PROVINCES AUTREFOIS SUJETTES DU ROYAUME DES LÉOPARDS. **IL APPARUT SUR LA SEINE LE 13 AOÛT 1415**, ET APRÈS UN SIÈGE PÉNIBLE, S'EMPARA D'HARFLEUR.

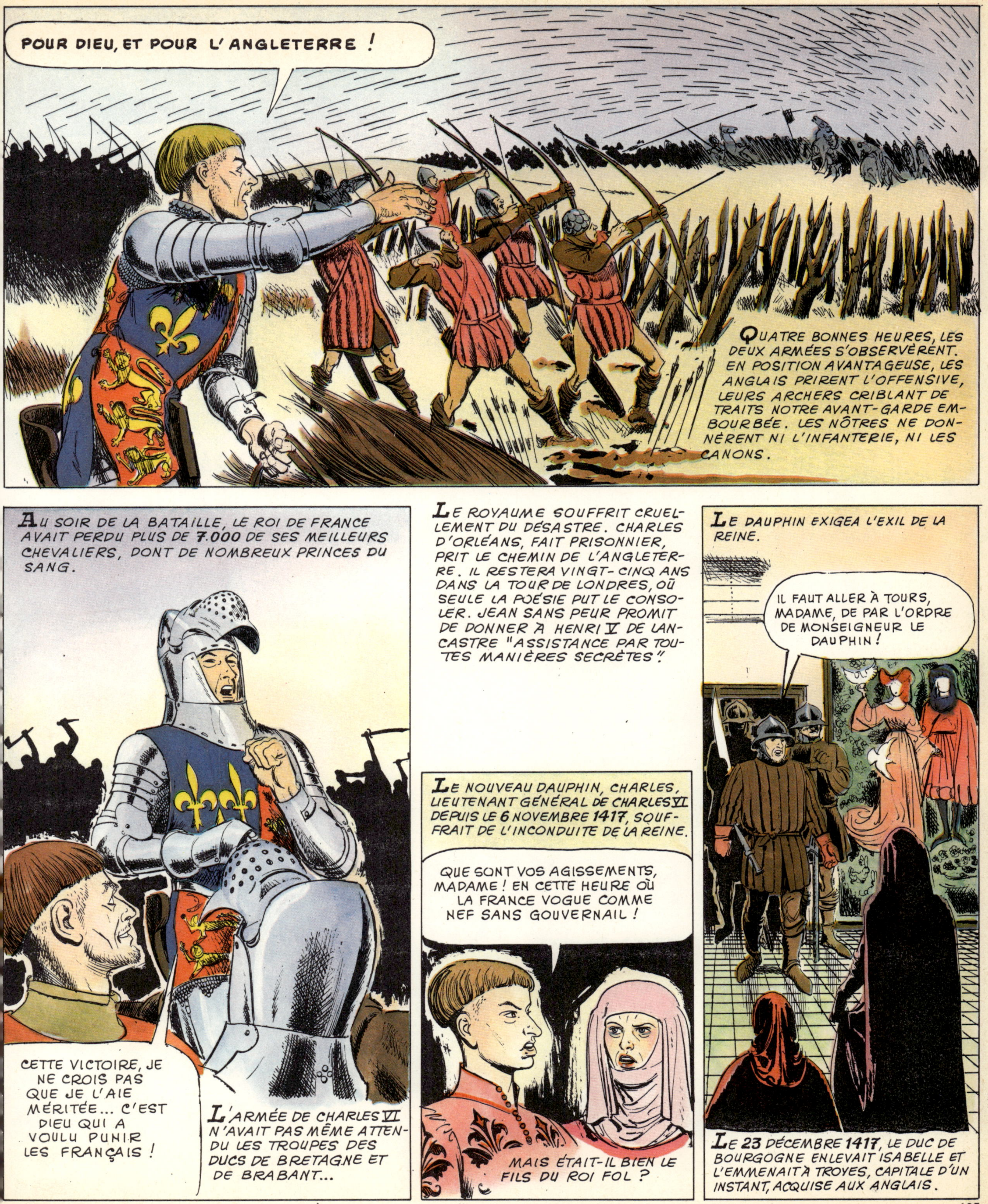
POUR DIEU, ET POUR L'ANGLETERRE !
QUATRE BONNES HEURES, LES DEUX ARMÉES S'OBSERVÈRENT. EN POSITION AVANTAGEUSE, LES ANGLAIS PRIRENT L'OFFENSIVE, LEURS ARCHERS CRIBLANT DE TRAITS NOTRE AVANT-GARDE EMBOURBÉE. LES NÔTRES NE DONNÈRENT NI L'INFANTERIE, NI LES CANONS.
AU SOIR DE LA BATAILLE, LE ROI DE FRANCE AVAIT PERDU PLUS DE 7.000 DE SES MEILLEURS CHEVALIERS, DONT DE NOMBREUX PRINCES DU SANG.
CETTE VICTOIRE, JE NE CROIS PAS QUE JE L'AIE MÉRITÉE... C'EST DIEU QUI A VOULU PUNIR LES FRANÇAIS !
L'ARMÉE DE CHARLES VI N'AVAIT PAS MÊME ATTENDU LES TROUPES DES DUCS DE BRETAGNE ET DE BRABANT...
LE ROYAUME SOUFFRIT CRUELLEMENT DU DÉSASTRE. CHARLES D'ORLÉANS, FAIT PRISONNIER, PRIT LE CHEMIN DE L'ANGLETERRE. IL RESTERA VINGT-CINQ ANS DANS LA TOUR DE LONDRES, OÙ SEULE LA POÉSIE PUT LE CONSOLER. JEAN SANS PEUR PROMIT DE DONNER À HENRI V DE LANCASTRE "ASSISTANCE PAR TOUTES MANIÈRES SECRÈTES".
LE NOUVEAU DAUPHIN, CHARLES, LIEUTENANT GÉNÉRAL DE CHARLES VI DEPUIS LE 6 NOVEMBRE 1417, SOUFFRAIT DE L'INCONDUITE DE LA REINE.
QUE SONT VOS AGISSEMENTS, MADAME ! EN CETTE HEURE OÙ LA FRANCE VOGUE COMME NEF SANS GOUVERNAIL !
MAIS ÉTAIT-IL BIEN LE FILS DU ROI FOL ?
LE DAUPHIN EXIGEA L'EXIL DE LA REINE.
IL FAUT ALLER À TOURS, MADAME, DE PAR L'ORDRE DE MONSEIGNEUR LE DAUPHIN !
LE 23 DÉCEMBRE 1417, LE DUC DE BOURGOGNE ENLEVAIT ISABELLE ET L'EMMENAIT À TROYES, CAPITALE D'UN INSTANT, ACQUISE AUX ANGLAIS.

JEAN SANS PEUR SE RENDIT ENSUITE MAÎTRE DE PARIS ET CONFIA AU BOURREAU CAPELUCHE LE SOIN D'EXTERMINER LE CONNÉTABLE D'ARMAGNAC ET SES PARTISANS (29 MAI 1418).
CAPELUCHE, MON AMI, VOUS AVEZ BIEN ŒUVRÉ !
ARMAGNAC NE VOUS GÊNERA PLUS, MESSIRE... IL A PÉRI !
LE DAUPHIN PUT S'ENFUIR. IL SE RÉFUGIA À BOURGES ET DEVINT LE SYMBOLE DE LA RÉSISTANCE AUX ANGLAIS ET AU DUC DE BOURGOGNE.
VOUS ÊTES L'HÉRITIER DE L'AUTORITÉ ROYALE, MONSEIGNEUR.
OUI. C'EST À MOI QU'IL APPARTIENT DE CHASSER L'ANGLAIS. JE ME PROCLAME RÉGENT DE FRANCE !
MAIS L'ANGLAIS AVAIT DÉJÀ CONQUIS TOUTE LA NORMANDIE. IL TENAIT ROUEN, QUI AVAIT RÉSISTÉ SEPT LONGS MOIS, ET CHÂTEAU-GAILLARD.
LES MEILLEURS CHEVALIERS DE LA FRANCE SONT TOMBÉS À AZINCOURT. LE PAYS EST SANS DÉFENSE. **IL EST NÔTRE !**
DEVANT LES VICTOIRES DE LANCASTRE, LE DUC DE BOURGOGNE PRIT PEUR. IL TENTA DE SE RAPPROCHER DU DAUPHIN (8 JUILLET 1419).
BEAU COUSIN, IL NOUS FAUT OUBLIER NOS QUERELLES !
MONSEIGNEUR, C'EST LÀ MON DÉSIR.
DEUX RENCONTRES EURENT LIEU PRÈS DE MELUN.
MAIS AU CONSEIL DE RÉGENCE, JEAN SANS PEUR SE HEURTA À LA HAINE D'ISABEL-LE POUR LE DAUPHIN.
IL FAUT SE PLIER AUX EXIGENCES DU ROI D'ANGLETERRE. **LA PAIX EST À CE PRIX !**
CÉDER À HENRI V ! Y SONGEZ-VOUS, MADAME !
LE ROYAUME DE FRANCE NE SAURAIT ÊTRE CÉDÉ. IL REVIENDRA DE DROIT À MONSEIGNEUR LE DAUPHIN. ON NE PEUT CHANGER RIEN À CELA.

IMPATIENTÉ PAR LES DIVISIONS DES FRANÇAIS, HENRI V DÉCIDA D'AGIR SEUL. LE 31 JUILLET, IL ENTRAIT DANS PONTOISE, PROVOQUANT UN EXODE DES HABITANTS VERS PARIS.
NOUS SOMMES DE PONTOISE, QUE LES ANGLAIS ONT PRISE ! JAMAIS SARRASINS NE FIRENT AUX CHRÉTIENS PIS QU'ILS N'ONT FAIT !
LE DAUPHIN ET JEAN DE BOURGOGNE AVAIENT CONVENU D'UNE TROISIÈME RENCONTRE. ELLE EUT LIEU LE 10 SEPTEMBRE 1419, SUR LE PONT DE MONTEREAU, AU CONFLUENT DE LA SEINE ET DE L'YONNE.
AVANCEZ-VOUS VERS MONSEIGNEUR, QUI VOUS ATTEND AU PONT.
LE DUC MIT UN GENOU À TERRE POUR SALUER LE DAUPHIN.
ÊTES-VOUS SINCÈRE, MON COUSIN ? DÉJÀ VOUS AVEZ FAILLI À VOTRE PROMESSE DE COMBATTRE L'ANGLAIS !
LE TON MONTAIT...
LE DUC FIT UN GESTE POUR RAMENER SON ÉPÉE RESTÉE TROP EN ARRIÈRE, ET QUI LE GÊNAIT...
TANNEGUY DU CHÂTEL CRUT-IL À UN GESTE D'HOSTILITÉ ? OU BIEN L'INSTANT AVAIT-IL ÉTÉ PAR AVANCE CONVENU ?
NOUS AVONS TROP TARDÉ !

C'en était fait de la réconciliation. Le fils de la victime, Philippe le Bon, fit pacte avec l'Anglais pour venger son père. **Il entraîna le roi et la reine à signer, le 21 mai 1420, le traité de Troyes :** le dauphin était exclu de la succession à la couronne et accusé "d'horribles et énormes crimes". Le Parlement et l'Université reconnurent le traité...

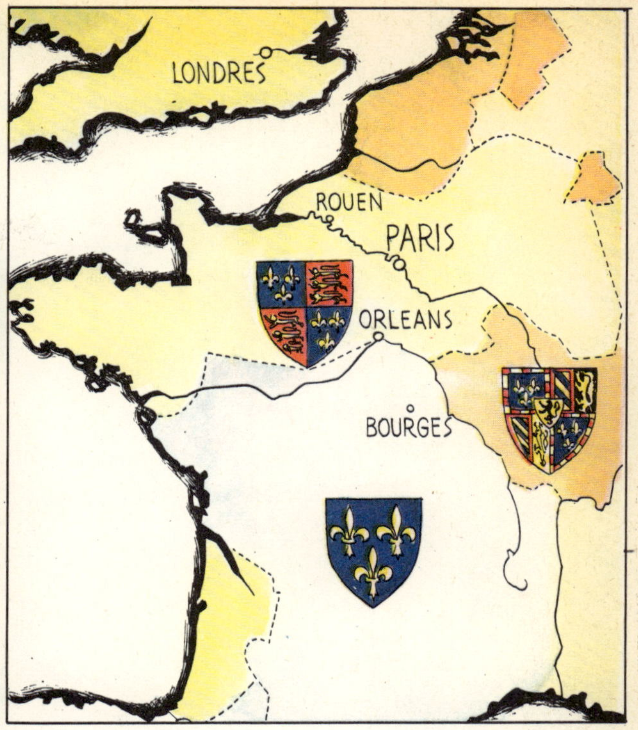

MAIS LA SITUATION DU ROI DE BOURGES PARAISSAIT DÉSESPÉRÉE. MALGRÉ LES RÉSISTANCES DE LA POPULATION, TOUTE LA FRANCE, AU NORD DE LA LOIRE, SUBISSAIT LA DOMINATION ANGLAISE. SEULS LE MONT-SAINT-MICHEL, ORLÉANS, TOURNAI, VAUCOULEURS, LUI DEMEURAIENT FIDÈLES. ALLIÉS ET FINANCES LUI MANQUAIENT...

UNE JEUNE PAYSANNE VENUE DES MARCHES DE LORRAINE ALLAIT BIENTÔT CHASSER L'ANGOISSE QUI ÉTREIGNAIT LE MONARQUE SANS ROYAUME.

Jeanne d'Arc
Reprit a luire le Soleil...
CHRISTINE DE PISAN
LA PORTE DU CACHOT GRINCE EN TOURNANT SUR SES GONDS. LE GEÔLIER S'ÉCARTE POUR LAISSER ENTRER DEUX MOINES.
LA PRISONNIÈRE SE DRESSE DANS UN SINISTRE TINTEMENT DE CHAÎNE. DANS SON VÊTEMENT D'HOMME, ELLE PARAÎT PLUS FRÊLE ENCORE.
VOUS, DONC, FRÈRE MARTIN LADVENU !
OUI, JEANNE. AVEC UN JEUNE FRÈRE DE MON ORDRE. LE GEÔLIER VA VOUS DÉFERRER.
LA VOIX DU MOINE EST SOURDE, PLUS GRAVE QUE D'HABITUDE.
FRÈRE MARTIN BRUSQUE LES CHOSES.
EN CE JOUR, 30 MAI 1431, JE DOIS VOUS ANNONCER QUE LES JUGES ONT ORDONNÉ VOTRE MORT PAR LE FEU.
AH ! J'AIMERAIS MIEUX ÊTRE DÉCAPITÉE SEPT FOIS QUE D'ÊTRE AINSI BRÛLÉE !

PIERRE CAUCHON, LE PRINCIPAL JUGE SE TIENT SUR LE SEUIL.
ÉVÊQUE, JE MEURS PAR VOUS !
VOUS MOURREZ PARCE QUE VOUS N'AVEZ PAS TENU LA PROMESSE, FAITE LE 24 MAI, DE PORTER ROBE DE FEMME. EN REPRENANT L'HABIT D'HOMME, VOUS ÊTES RETOMBÉE DANS VOTRE PÉCHÉ.
SI VOUS M'AVIEZ FAIT GARDER PAR DES GENS D'ÉGLISE, ET NON PAR MES ENNEMIS, CELA NE FÛT PAS ADVENU. C'EST POURQUOI J'EN APPELLE DE VOUS DEVANT DIEU...
ELLE SE CONFESSE ET COMMUNIE AVEC FERVEUR. PUIS ELLE QUITTE POUR TOUJOURS CETTE GEÔLE OÙ ELLE EST ENFERMÉE DEPUIS CINQ MOIS.
A ROUEN, LE BÛCHER EST DRESSÉ SUR LA PLACE DU VIEUX-MARCHÉ ; LA FOULE SE PRESSE DERRIÈRE LES SOLDATS ANGLAIS. LE BOURREAU, GEOFFROY THIÉVRACHE, ATTEND...

JEANNE MARCHE VERS LE LIEU DU SUPPLICE. AUJOURD'HUI S'ACHÈVE SA COURTE VIE DE DIX-HUIT ANNÉES, ET ELLE REVIT, EN ESPRIT, LE FIL DE SON DESTIN...
DANS LA FRAÎCHEUR DES PRÉS ET LA LUMIÈRE DU SOLEIL, VOICI DOMREMY, SON VILLAGE, SUR LES BORDS DE LA MEUSE, AUX CONFINS DE LA LORRAINE ET DU PAYS BARROIS.
JEANNE Y EST NÉE, LE 6 JANVIER 1412, DE JACQUES D'ARC, PAYSAN AISÉ, ET D'ISABELLE ROMÉE. TROIS FRÈRES ET UNE SŒUR COMPLÈTENT LA FAMILLE.
COMME LES FILLETTES DE SON ÂGE, ELLE VAQUE, JEUNETTE, AUX BESOGNES FAMILIÈRES. "POUR FILER ET COUDRE, DIRA-T-ELLE PLUS TARD, JE NE CRAINS AUCUNE FEMME DE ROUEN."
"J'AI APPRIS DE MA MÈRE PATER NOSTER, AVE MARIA, CREDO." TRÈS PIEUSE, ELLE FRÉQUENTE SOUVENT L'ÉGLISE DE SAINT-REMY ET L'ERMITAGE DE NOTRE-DAME, À BERMONT.

JEANNE SE RETROUVE AVEC SES COMPAGNES, SOUS "L'ARBRE DES FÉES," UN HÊTRE QUE LES LÉGENDES PARENT DE VERTUS MAGIQUES.
JEANNE! TU ES DISTRAITE! TU N'AS MIS SUR L'ARBRE QU'UNE GUIRLANDE EN HONNEUR DE NOTRE-DAME DE DOMREMY!
LE MATIN MÊME, DES GARÇONS DU VILLAGE SONT REVENUS EN SANG D'UNE EXPÉDITION CONTRE LES GARÇONS DE MAXEY. ET FIERS COMME DES HOMMES D'ARMES RENTRANT DE CAMPAGNE!
TU SAIS, JEANNE, NOUS NOUS SOMMES BIEN BATTUS CONTRE CES BOURGUIGNONS DE MAXEY!
NOUS LES BOUTERONS TOUS HORS DU PAYS, EUX ET LEUR AMIS "GODONS"!*
* Sobriquet méprisant donné aux Anglais, qui juraient "Goddam!" (Dieu me damne).
LA GUERRE DURE DEPUIS DES TEMPS ET DES TEMPS. LE ROI D'ANGLETERRE EST QUASIMENT ROI DE FRANCE. MORT, RUINES, MISÈRE! JEANNE ET SA FAMILLE ONT DÛ SE RÉFUGIER UN MOMENT À NEUFCHÂTEAU, EN LORRAINE.

A TREIZE ANS, ELLE ENTEND UNE VOIX. CHOC PRODIGIEUX, LE 31 MAI 1424 : "C'EST SAINT MICHEL. IL ME RACONTE LA GRANDE PITIÉ QUI EST AU ROYAUME DE FRANCE."
OUI, IL Y A GRANDE PITIÉ ! LA DOUCE FRANCE EST DÉPECÉE PAR L'ANGLAIS TRIOMPHANT QU'AIDENT SES DEUX VORACES ALLIÉS, JEAN, DUC DE BRETAGNE, ET PHILIPPE LE BON, DUC DE BOURGOGNE.
"ROI DE FRANCE ET D'ANGLETERRE" ! EN VERTU DU HONTEUX TRAITÉ DE TROYES (1420), HENRI VI DE LANCASTRE, UN ENFANT DE QUATRE ANS, GRANDIT SOUS LA TUTELLE DU DUC DE BEDFORD.
LES BOURGEOIS DE PARIS ET L'UNIVERSITÉ LE SOUTIENNENT.
VOYEZ PIERRE CAUCHON. IL EST DU CLAN ANGLAIS.
ET ÉVÊQUE DE BEAUVAIS, GRÂCE À SES AMITIÉS.
MAIS LE ROI LÉGITIME EST CHARLES, LE "PETIT ROI DE BOURGES", OÙ IL S'EST RÉFUGIÉ.
AU NORD DE LA LOIRE, SEULS LE MONT-SAINT-MICHEL, ORLÉANS, VAUCOULEURS ET TOURNAI LUI DEMEURENT FIDÈLES.
Tournai
Mont St-Michel
Paris
Vaucouleurs
Orléans
Bourges

HOMME SANS GRAND CARACTÈRE QUE CHARLES, ÉPOUX D'UNE FEMME "LAIDE À FAIRE PEUR AUX ANGLAIS-MÊMES", MARIE D'ANJOU...
MA MIE, MÊLONS-NOUS AUX DANSEURS !
SA BELLE-MÈRE, YOLANDE D'ARAGON, LUI A IMPOSÉ ARTHUR DE BRETAGNE, COMTE DE RICHEMONT, HONNÊTE HOMME ET VAILLANT SOLDAT.
QUELS TEMPS VIVONS-NOUS, RICHEMONT. PAUVRE ROYAUME DE FRANCE !
POUR LE ROI ! MONTJOIE ET SAINT DENIS !
QUELQUES CAPITAINES MÈNENT UNE GUERRE AUSSI CONFUSE QU'INUTILE. IL MANQUE UN CHEF À CES HOMMES D'ARMES.
QUE DIRE DE LA MISÈRE DU PEUPLE, DES VILLAGES LIVRÉS AU PILLAGE, DES LABOURS EN FRICHE, DES BANDES D'ÉCORCHEURS...
OUI, GRANDE EST LA PITIÉ DU ROYAUME DE FRANCE !
À DOMREMY, JEANNE ATTEINT SES SEIZE ANS. D'AUTRES VOIX, DIT-ELLE, S'UNISSENT À CELLE DE L'ARCHANGE : SAINTE MARGUERITE, SAINTE CATHERINE LA VISITENT, DIT-ON.

...ELLES M'ENJOIGNENT DE CHASSER L'ANGLAIS ET DE FAIRE SACRER LE ROI... MAIS COMMENT POURRAIS-JE, MOI, SIMPLE PAYSANNE ?
CONDUISEZ-MOI À VAUCOULEURS, AUPRÈS DU CAPITAINE ROBERT DE BAUDRICOURT.
ELLE CONSULTE UN COUSIN DE SA MÈRE, DURAND LAXART, HOMME D'EXPÉRIENCE.
IL ME DONNERA LES MOYENS D'ALLER À CHINON VOIR LE DAUPHIN AFIN D'ACCOMPLIR MA MISSION.
MAIS... TES PARENTS ?
JEANNE CONVAINC LE COUSIN DE GARDER LE SECRET. ELLE A DES PAROLES ÉMOUVANTES.
N'A T-IL PAS ÉTÉ DIT QUE LA FRANCE, DÉSOLÉE PAR UNE FEMME,* SERAIT SAUVÉE PAR UNE JEU- NE FILLE ?
* Isabeau de Bavière.
LE CAPITAINE L'ÉCONDUIT.
RAMENEZ CETTE FOLLE À LA MAISON DE SON PÈRE. APRÈS L'AVOIR BIEN GIFLÉE.
ET JEANNE DIT À BAUDRICOURT : " LE ROYAUME N'EST PAS AU DAUPHIN, IL EST À MON SEIGNEUR, LE ROI DU CIEL QUI VEUT QUE LE DAUPHIN SOIT ROI ET QU'IL TIENNE DE LUI LE ROYAUME."

ORLÉANS CHUTERA COMME POIRE MÛRE.
EN OCTOBRE 1428, LES ANGLAIS, COMMANDÉS PAR LE COMTE DE SALISBURY, ASSIÈGENT ORLÉANS.
À LOCHES, EN CE 1ER NOVEMBRE 1428, CHARLES, EN PLEIN DÉSARROI, PRIE DIEU DE LE RENDRE VAINQUEUR S'IL EST LE ROI LÉGITIME, LE FILS DE CHARLES VI.
SI ORLÉANS TOMBE, LE GLAS SONNERA LA FIN DU ROYAUME.
À DOMREMY, LES "VOIX" SE FONT PLUS PRESSANTES. JEANNE, HARDIMENT, VA RETROUVER BAUDRICOURT À VAUCOULEURS.
C'EST ENCORE MOI, MESSIRE.
JEANNE PLAIDE SA CAUSE AVEC ENTÊTEMENT ET GRANDEUR. BAUDRICOURT SE LAISSE FLÉCHIR.
SOIT! JE TE DONNERAI UNE ESCORTE. JEAN DE METZ ET BERTRAND DE POULENGY SERONT TES ÉCUYERS.

LA FOI DE JEANNE, SON ALLANT, SA CONVICTION, EN IMPOSENT À SES RUDES COMPAGNONS D'ARMES. ELLE A REVÊTU DES HABITS D'HOMME.
JE SUIS SÛRE QUE LE ROI M'ATTEND, JEAN.
NE CRAIGNEZ RIEN ! MES FRÈRES DU PARADIS ET LE SEIGNEUR DIEU SONT AVEC NOUS.
QUE L'ON SONGE À CETTE ÉQUIPÉE À TRAVERS UN TERRITOIRE OCCUPÉ. LA PETITE TROUPE BRAVE TOUS LES DANGERS.
LE ROI SE TROUVAIT ALORS À CHINON. JEANNE Y PARVIENT À LA FIN DU MOIS DE FÉVRIER 1429. ADMISE À VOIR LE ROI, ELLE SE DIRIGE DROIT VERS CHARLES, DISSIMULÉ PARMI LES HÔTES DE LA COUR.
GENTIL DAUPHIN, J'AI NOM JEANNE LA PUCELLE. JE SUIS VENUE VOUS DONNER DU SECOURS, AU ROYAUME ET À TOI.
JE TE DIS DE LA PART DE MON SEIGNEUR QUE TU ES VRAI HÉRITIER DE FRANCE ET FILS DE ROI. ET IL M'A ENVOYÉE VERS TOI POUR TE CONDUIRE À REIMS Y RECEVOIR TA COURONNE ET TON SACRE.
SI DIEU VEUT DÉLIVRER LA FRANCE, IL N'EST PAS BESOIN QU'IL AIT GENS D'ARMES.
A POITIERS, ENSUITE, PRÉLATS ET DOCTEURS DE L'ÉGLISE L'INTERROGENT PENDANT TROIS SEMAINES.

EN NOM DIEU, MAÎTRE GUILLAUME AIMERI, LES GENS D'ARMES BATAILLERONT... ET DIEU DONNERA VICTOIRE !
POUVONS-NOUS ESPÉRER UN SIGNE DE VOTRE PART ?
JE NE SUIS PAS VENUE ICI, À POITIERS, POUR FAIRE SIGNES. MAIS CONDUISEZ-MOI À ORLÉANS. JE VOUS MONTRERAI LES SIGNES POUR LESQUELS J'AI ÉTÉ ENVOYÉE !
LES CONCLUSIONS DES GENS D'ÉGLISE SONT FAVORABLES. ET, À TOURS, LA BERGÈRE DE LORRAINE REÇOIT SON ÉQUIPEMENT ET SON ÉPÉE.
CETTE ÉPÉE, ELLE L'A ENVOYÉ CHERCHER DANS LA CHAPELLE DE SAINTE-CATHERINE DE FIERBOIS, OÙ ON L'A DÉTERRÉE DU SOL, SUR SES INDICATIONS.
DEUX PAGES, UN CHAPELAIN ET UN ÉCUYER, JEAN D'AULON, SOLDAT D'EXPÉRIENCE, LUI SONT ATTACHÉS.
JE VEUX DICTER AUX ANGLAIS UNE LETTRE, AFIN QU'ILS SE RENDENT.

LE SIÈGE DURE DEPUIS SIX MOIS. SANS CESSE HARCELÉES, MANQUANT DE TOUT, LA GARNISON ET LA POPULATION D'ORLÉANS TIENNENT BON. UNE SEULE PORTE DEMEURE LIBRE: LA PORTE DE BOURGOGNE.

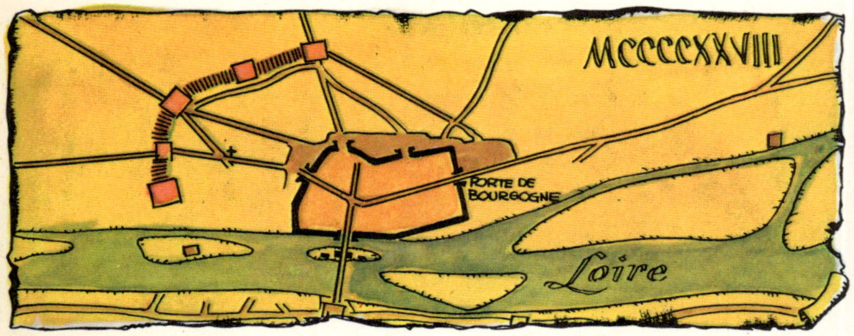

DÈS LES PREMIERS JOURS DU SIÈGE, LE COMTE DE SALISBURY, QUI COMMANDAIT L'ARMÉE ANGLAISE, AVAIT ÉTÉ TUÉ PAR UN BOULET TIRÉ DE LA VILLE... MAIS GLANSDALE, QUI LE REMPLACE, EST SÛR QUE LA PLACE TOMBERA DANS PEU DE JOURS.

LES ANGLAIS, QUELQUE 6.000 HOMMES, FONT DONNER BOMBARDES ET CANONS. DES PROJECTILES DE 80 À 160 LIVRES PILONNENT LES REMPARTS. CHAQUE JOUR QUI PASSE AMINCIT L'ESPOIR.
POURTANT, ESCARMOUCHES ET SORTIES SE SUCCÈDENT. COURAGEUSES ET OPINIÂTRES, LES FEMMES D'ORLÉANS NE CESSENT DE PORTER AUX REMPARTS CHAUDRONS DE POIX ET D'HUILE BOUILLANTE.
SUS AUX GODONS, SUS ! POUR SAUVER LE BÂTARD !
UNE PERCÉE HÉROÏQUE POUR DÉGAGER LA VILLE, OÙ S'ILLUSTRENT XAINTRAILLES ET LA HIRE, ÉCHOUE. DUNOIS EST BLESSÉ.
ALORS, DIT LA CHRONIQUE... ...« LES HABITANTS SE TROUVENT PRESSÉS EN TELLE NÉCESSITÉ QU'ILS NE SAVENT À QUI RECOURIR POUR AVOIR REMÈDE, SI CE N'EST À DIEU. »
UNE RUMEUR SE PROPAGE DANS LA VILLE MARTYRE.
COURAGE ! UNE FEMME ENVOYÉE PAR DIEU MARCHE SUR ORLÉANS À LA TÊTE D'UNE ARMÉE.

LES VIVRES SONT DÉJÀ AU BORD DE LOIRE, MAIS UN VENT CONTRAIRE EMPÊCHE BARQUES ET CHALANDS DE REMONTER LE COURANT...
À DUNOIS, VENU L'ACCUEILLIR, JEANNE REPROCHE SON MANQUE DE CONFIANCE.
LE VENT TOMBE. LE VENT TOURNE ! LES BARGES CHARGÉES DE VIVRES ACCOSTENT SOUS LES DÉFENSES FRANÇAISES. ON CRIE AU MIRACLE.
LE VENT CHANGE... LE CONVOI ENTRERA SANS EMPÊCHEMENT.
LA VILLE ENTIÈRE RÉCLAME JEANNE, QU'ON APPELLE "LA PUCELLE". À CHEVAL, EN ARMURE, L'HÉROÏNE FAIT UNE ENTRÉE TRIOMPHALE DANS ORLÉANS.
NOËL ! NOËL !
MIRACLE !
LE LENDEMAIN, 30 AVRIL, ELLE SOMME GLANSDALE DE SE RENDRE. LE CAPITAINE ANGLAIS ÉCUME.
VA-T'EN VACHÈRE, FILLE DE RIEN. NOUS TE BRÛLERONS SI TU ES PRISE...

ALORS, IL SEMBLE QUE LE COURANT SE RENVERSE. LE 4 MAI, LA BASTILLE SAINT-LOUP EST ENLEVÉE D'ASSAUT.
LE 6, LA BASTILLE DES AUGUSTINS TOMBE À SON TOUR. DANS LES PLIS DE SA BANNIÈRE, JEANNE APPORTE L'ESPÉRANCE...
LA HIRE, DUNOIS, XAINTRAILLES, LE "GENTIL DUC", JEAN D'ALENÇON, SUBISSENT L'ASCENDANT DE JEANNE. NE SAIT-ELLE PAS "COURIR UNE LANCE", OU DISPOSER L'ARTILLERIE ?
ET MAINTENANT, NOUS ALLONS FAIRE SAUTER LES GODONS COMME RAINETTES DU HAUT DES TOURELLES.
LE 7 MAI, ELLE MÈNE L'ASSAUT CONTRE LA BASTILLE DES TOURELLES, QUE DÉFEND GLANSDALE.
UN VIRETON D'ARBALÈTE LA BLESSE À L'ÉPAULE.
ELLE COMBAT JUSQU'À LA VICTOIRE. GLANSDALE SE NOIE, ET JEANNE S'ÉMEUT DU SORT DE L'ENNEMI QUI L'AVAIT INSULTÉE.
JE LUI AVAIS PRÉDIT QU'IL MOURRAIT SANS VERSER LE SANG.

VICTOIRE DÉCISIVE, CAR LA BASTILLE DES TOURELLES COMMANDE LE PONT QUI RELIE ORLÉANS À LA RIVE GAUCHE DE LA LOIRE. LE 8 MAI, FÊTE DE L'APPARITION DE SAINT MICHEL, LES ANGLAIS LÈVENT LE SIÈGE.
DANS L'ABBAYE OÙ ELLE S'EST RETIRÉE, LA POÉTESSE CHRISTINE DE PISAN ÉCRIT : L'AN MIL QUATRE CENT VINGT ET NEUF, REPRIT À LUIRE LE SOLEIL. IL RAMÈNE LE BON TEMPS NEUF...
JEANNE CONVAINC CHARLES DE SE FAIRE SACRER À REIMS.
À REIMS SEULEMENT VOUS DEVIENDREZ **LE ROI**.
LA MARCHE VERS REIMS ! "FOLIE" DISENT LES CONSEILLERS. COMMENT SE FRAYER PASSAGE DANS UNE RÉGION TENUE PAR LES ANGLAIS ET LES BOURGUIGNONS ?
JESUS MARIA
LE 12 JUIN, JARGEAU EST ENLEVÉE. BEAUGENCY CAPITULE LE **17**. LE 18, L'ÉCRASANTE VICTOIRE DE PATAY LIBÈRE LE PAYS DE LOIRE ET BRISE UNE ARMÉE ANGLAISE DE RENFORT. FALSTAFF* EST DÉFAIT, TALBOT* PRISONNIER.
* Capitaines anglais.
À PARIS, LE DUC DE BEDFORD ENRAGE... DES TROUPES ANGLAISES REFUSENT DE COMBATTRE, TROUBLÉES PAR LES "ENCHANTEMENTS DE LA PUCELLE" !
C'EST UNE SORCIÈRE VENUE DES FONDS DE L'ENFER.

CEPENDANT JEANNE OUVRE AVEC L'AVANT-GARDE DE SA MARCHE AVENTUREUSE À TRAVERS 60 LIEUES DE PAYS ENNEMI. SA LÉGENDE LA PRÉCÈDE. AUXERRE LIVRE SES CLÉS. TROYES EST EMPORTÉE APRÈS UN ASSAUT DE QUELQUES HEURES. CHÂLONS ACCUEILLE JEANNE DANS LE DÉLIRE... L'ÉQUIPÉE MILITAIRE CE TRANSFORME EN UNE MARCHE TRIOMPHALE.
LE 16 JUILLET, L'ARMÉE ENTRE DANS REIMS SANS COUP FÉRIR. JEANNE VA VOIR ENFIN "ACCOMPLI LE BON VOULOIR DE DIEU." LE CŒUR LUI BAT PLUS FORT.
MONTJOIE!
LONGUE VIE AU ROI!
LE SURLENDEMAIN, 18 JUILLET 1429, "L'ÉVÊQUE DES ROIS" SACRE CHARLES VII SUIVANT LES RITES. DE HAUTS PERSONNAGES DE FRANCE SONT LÀ, MAIS JEANNE ATTIRE TOUS LES REGARDS.
LE ROYAUME A SON ROI.
SON ÉTENDARD À LA MAIN, ELLE SE TIENT DEBOUT PRÈS DE L'AUTEL. NUL AUTRE CHEF DE GUERRE N'A EU DROIT À CETTE FAVEUR.

Le roi et ses conseillers penchent pour une trêve avec le duc de Bourgogne. L'héroïne gêne. On l'occupe à de petites opérations guerrières.

PIERRE CAUCHON, L'ANCIEN ÉVÊQUE DE BEAUVAIS, INSTRUIRA LE PROCÈS. CE PRÉLAT EST DE NOTRE CAMP. IL ENVERRA LA DIABLESSE AU BÛCHER.
ÊTES-VOUS EN GRÂCE DE DIEU ?
AU MÉPRIS DE TOUTE LOI, CAUCHON ENTREPREND CONTRE JEANNE UN PROCÈS D'HÉRÉSIE QUI VA DURER DE JANVIER À MARS 1431. LE TRIBUNAL LUI EST ACQUIS.
SI JE N'Y SUIS, DIEU M'Y METTE, ET SI J'Y SUIS, DIEU M'Y GARDE ! JE CROIS QUE LA VOIX NE VIENDRAIT PAS À MOI SI J'ÉTAIS EN PÉCHÉ !
CROYEZ-VOUS AVOIR BIEN FAIT DE PRENDRE L'HABIT D'HOMME ?
JE N'AI RIEN FAIT SI CE N'EST PAR LE COMMANDEMENT DE DIEU !
POURQUOI VOUS, PLUTÔT QU'UNE AUTRE ?
IL PLUT À DIEU AINSI FAIRE PAR UNE SIMPLE PUCELLE POUR REBOUTER LES ENNEMIS DU ROI !

* Renonce.

* Retombée dans l'erreur.

LES BOURREAUX ONT CHOISI LE FEU. JEANNE SUBIT UN DERNIER SERMON DE NICOLAS MIDI, L'UN DES PLUS ACHARNÉS À LA PERSÉCUTER, TANDIS QU'UN HOMME LA LIE AU POTEAU, SUR LE BÛCHER, ET LA COIFFE D'UN BONNET D'HÉRÉTIQUE.
JE DEMANDE PARDON À TOUS, AMIS OU ENNEMIS. PRIEZ POUR MOI. JE VOUDRAIS UNE CROIX.
UN ANGLAIS, ÉMU, COMME BEAUCOUP D'AUTRES, LUI EN FABRIQUE UNE...
ET SES DERNIÈRES PAROLES...
JE NE SUIS PAS UNE HÉRÉTIQUE, NI UNE SCHISMATIQUE. MES VOIX FURENT DE DIEU ! JÉSUS ! JÉSUS !

LES ANGLAIS EUX-MÊMES NE PEUVENT CACHER LEUR TROUBLE. JEAN TRESSARD, SECRÉTAIRE DU ROI D'ANGLETERRE, S'ÉLOIGNE SANS TARDER
TOUT CE QUE J'AI VU M'ÉPOUVANTE. NOUS SOMMES PERDUS POUR AVOIR BRÛLÉ CETTE SAINTE !
LES CENDRES ET LE CŒUR INTACT DE JEANNE SONT JETÉS DANS LA SEINE. MAIS LA FIGURE DE L'HÉROÏNE NE CESSE DE GRANDIR.
LA MAIN DE DIEU, DIT-ON DANS LE PEUPLE, MENACE LES BOURREAUX... PIERRE CAUCHON SERAIT MORT SUBITEMENT CHEZ SON BARBIER.
JEAN D'ESTIVET, GRAND INSULTEUR DE LA PUCELLE ET JUGE IMPLACABLE, QUI FUT À L'ORIGINE DU PROCÈS, SERA DÉCOUVERT DANS UN ÉGOÛT.

CHARLES VII NE FIT RIEN POUR SAUVER CELLE À QUI IL DEVAIT SA COURONNE. EN 1435, IL CONCLUT AVEC LE DUC DE BOURGOGNE LA PAIX D'ARRAS.
RICHEMONT, CONNÉTABLE DE FRANCE, REPREND PARIS EN 1436, ET, L'ANNÉE SUIVANTE, LE ROI Y FAIT UNE ENTRÉE TRIOMPHALE. LE ROYAUME RETROUVE ENFIN SA VILLE CAPITALE.
JACQUES CŒUR, RICHE FINANCIER DE BOURGES, ENTRETIENT LE TRÉSOR ROYAL QUI PERMET À CHARLES DE LEVER DES ARMÉES ET DE BOUTER L'ANGLAIS HORS DE NORMANDIE ET DE GUYENNE.
JACQUES CŒVR
VICTOIRE, VICTOIRE ! VIVE LE ROI !
EN 1450, LES FRANÇAIS, COMMANDÉS PAR JEAN DE BOURBON ET RICHEMONT, ÉCRASENT À FORMIGNY, L'ARMÉE DE SIR THOMAS KYRIEL, QUI LAISSE PRÈS DE 4.000 MORTS SUR LE TERRAIN.
BORDEAUX TOMBE EN 1451. BAYONNE CAPITULE.
REGARDE CETTE CROIX BLANCHE DANS LE CIEL, VERS LE SUD. DIEU NOUS GARDE.

VOYEZ LA CROIX ! C'EST LÀ UN SIGNE D'UNITÉ DEPUIS LE BON ROI CHARLES V... L'ESPÉRANCE EST SUR LE ROYAUME.
LE 17 JUILLET 1453, L'ARMÉE ANGLAISE DE TALBOT EST MISE EN PIÈCES À CASTILLON. DANS LA MÊLÉE LE VIEUX CHEF DE GUERRE PERD LA VIE.
C'EST BIEN TALBOT. IL LUI MANQUAIT UNE DENT !
CHARLES VII, SURNOMMÉ LE VICTORIEUX, TRIOMPHE. MAIS CERTAINS L'APPELLENT L'INGRAT...
"OÙ EST JEANNE, LA BONNE LORRAINE, QU'ANGLOIS BRÛLÈRENT À ROUEN" ? *
* Poème de Villon.
JEANNE D'ARC EST SOLENNELLEMENT RÉHABILITÉE À ROUEN, LE 7 JUILLET 1456, VINGT-CINQ ANS APRÈS SON SUPPLICE. ET, EN 1920, L'ÉGLISE EN FIT UNE **SAINTE**.
HÉROÏNE OU SAINTE, LA PUCELLE D'ORLÉANS DEMEURE VIVANTE DANS LE CŒUR DE TOUS. CETTE JEUNE FILLE DE LORRAINE PAR QUI BIENTÔT CESSA LA GUERRE DE CENT ANS, MARQUE DE SA HAUTE STATURE L'HISTOIRE DE LA FRANCE.